POLÍTICA NO COTIDIANO

A ironia como método de sobrevivência

COLEÇÃO COTIDIANO

ATIVIDADE FÍSICA NO COTIDIANO • RENATA VENERI e CAMILA HIRSCH
CIÊNCIA NO COTIDIANO • NATALIA PASTERNAK e CARLOS ORSI
DIREITO NO COTIDIANO • EDUARDO MUYLAERT
ECONOMIA NO COTIDIANO • ALEXANDRE SCHWARTSMAN
FEMINISMO NO COTIDIANO • MARLI GONÇALVES
FILOSOFIA DO COTIDIANO • LUIZ FELIPE PONDÉ
LONGEVIDADE NO COTIDIANO • MARIZA TAVARES
POLÍTICA NO COTIDIANO • LUIZ FELIPE PONDÉ
PSICOLOGIA NO COTIDIANO • NINA TABOADA
SAÚDE NO COTIDIANO • ARNALDO LICHTENSTEIN
SEXO NO COTIDIANO • CARMITA ABDO

Consulte nosso catálogo completo e últimos lançamentos em **www.editoracontexto.com.br**.

POLÍTICA NO COTIDIANO

A ironia como método de sobrevivência

LUIZ FELIPE PONDÉ

editoracontexto

Montagem de capa e diagramação
Gustavo S. Vilas Boas

Preparação de textos
Lilian Aquino

Revisão
Ana Paula Luccisano

Dados Internacionais de Catalogação na Publicação (CIP)

Pondé, Luiz Felipe
Política no cotidiano : a ironia como método de sobrevivência /
Luiz Felipe Pondé. – São Paulo : Contexto, 2021.
160 p.

ISBN 978-65-5541-145-4

1. Política 2. Poder 3. Cotidiano I. Título

21-1998 CDD 320

Angélica Ilacqua CRB-8/7057

Índice para catálogo sistemático:
1. Política

2021

EDITORA CONTEXTO
Diretor editorial: *Jaime Pinsky*

Rua Dr. José Elias, 520 – Alto da Lapa
05083-030 – São Paulo – SP
PABX: (11) 3832 5838
contexto@editoracontexto.com.br
www.editoracontexto.com.br

"Mintam, mintam por misericórdia."

Nelson Rodrigues

Sumário

Política sem expectativas:

Não tenho nenhuma expectativa política. Nenhuma utopia. Não espere aqui qualquer salvação política. Nosso objeto é a política no cotidiano, e este é o inimigo número 1 de qualquer utopia. O que não implica que ele seja distópico. Distopias na história são, geralmente, utopias que se realizaram e destruíram o cotidiano.

O cotidiano é o inimigo número 1 da perfeição. O que nos resta quando olhamos para o cotidiano? A humildade de saber que sempre fracassamos em nossas expectativas de perfectibilidade. A política, nos últimos séculos, se fez o terreno por excelência das utopias, por isso, uma lupa sobre seu cotidiano, em várias frentes, implica uma experiência antiutópica para o pensamento.

A política, dita de forma metafórica, é uma ferida aberta, mais ou menos infecciosa continuamente. A arte da política é lidar com isso para que a infecção não piore; logo, a arte da política é a clínica da ferida. A filosofia política deveria ter como tarefa olhar para essa ferida sem imaginar que ela seja algo que sangra e, muitas vezes, mata. A ciência política deveria ser sua anatomia.

Dito de forma menos metafórica, política é o terreno do poder, e o poder é sempre perigoso, e ninguém sabe direito onde colocá-lo de forma mais segura. A política é uma esfera de risco, sempre. Por isso política tem muito a ver com religião, apesar de os semiletrados acharem que não. Política e religião sempre andaram juntas: na Pré-História, na Antiguidade, desde sempre e até hoje, mesmo que sob formas não tão evidentes. Esse vínculo é muito sério e perigoso, e não foi por acaso que esse mesmo vínculo matou o pai fundador da filosofia, Sócrates, acusado de ateísmo em Atenas.

A política coloniza o invisível, os sonhos, o futuro, a imaginação, o sexo, os bons e maus sentimentos, os deuses e os demônios. Alguns, como Michel Foucault (século XX), suspeitaram que a própria ideia de verdade (sua "episteme") era, apenas, política, formas organizadas de discursos e práticas de poder.

A percepção de que a política coloniza o cosmos humano pode nos fazer mal porque tudo parece, a partir de então, ser apenas uma luta pelo poder. E esse mal-estar tem fundamento. Quando adentramos o terreno da política, não há espaço para mais nada além do que ela mesma, mesmo quando, mais recentemente, muitos creem existir uma política do bem, sustentada na racionalidade ou no utópico caráter ético dos cidadãos. Essa forma de equívoco, alimentada por autores como Jean-Jacques Rousseau (século XVIII) e John Stuart Mill e Karl Marx (ambos no XIX), entre outros, nos faz crer que o "povo" é sempre confiável, apesar de a História estar cheia de exemplos de que não há nenhuma garantia com relação ao comportamento moral de ninguém quando o que está em jogo é o próprio poder. A política é sempre um terreno do mito.

O recurso do autoengano nesse caso é o retorno ao caráter religioso mais óbvio da política, caráter essencial da política, como diz o filósofo Simon Critchley. Na democracia, esse elemento teológico age na crença teórica e prática de que existam agentes portadores da graça redentora histórica, agentes preservados das contingências e dos males dos demais agentes políticos em questão. Uma forma de fé sem deuses em pessoas com carisma ou no "povo".

A política no cotidiano é a colonização deste por aquela. Aviso que a consciência desse processo pode causar mal-estar em quem decidir segui-lo até o fim. Para mim, penso que esse processo pode ser de algum modo libertador, como toda forma de expectativa superada sempre é. Só se pode refletir a sério acerca da política sem alimentar qualquer expectativa com relação a ela. A política é "um sistema triste", como se referia Rousseau ao seu próprio pensamento político.

Antes, um último reparo. Sei das crenças em que identificar o elemento político, por exemplo, nos corpos (biopolítica), é visto como emancipador. Não duvido de que em alguma medida assim o seja. Entretanto, tenho uma agenda escondida (*"hidden agenda"*, como se fala em inglês) aqui com relação a crenças como essa (biopolítica foi apenas um exemplo, nada mais): denunciar que a politização do cotidiano e da vida em geral é uma nova expulsão do paraíso. Aumenta nossa consciência e, portanto, pode nos fazer mais infelizes. O cotidiano saturado de consciência política é uma forma de inferno, que já vivemos. Entretanto, muitas vezes, responder à agressão do mundo pode assumir contornos de políticas inesperadas, como algumas que veremos a seguir.

Refletir sobre a política do cotidiano é olhar de perto o modo como distintas formas de poder se espalham e inundam o mundo para além das próprias instituições políticas e seus profissionais, e não apenas pensar no cotidiano como um dia atrás do outro. Num arroubo epistemológico, fazer o percurso da política do cotidiano pode ser uma investigação do cosmos desse cotidiano a partir das formas distintas de como ele é objeto do poder. Olhar o mundo deste lugar pode se constituir num sério convite ao niilismo.

O leitor perceberá que os capítulos dialogam entre si, se entrelaçam e retomam temas uns dos outros, formando uma teia, a teia da política do cotidiano.

1

O poder

O poder é força bruta e odeia o vácuo. Posso considerá-lo como parte da natureza das coisas ou como exclusividade de seres conscientes como o Sapiens. Não vou entrar nessas discussões, tão ao gosto da nossa época, se golfinhos ou alfaces têm consciência.

Dizer que o poder seria parte da natureza das coisas seria reconhecer que a vida das abelhas, por exemplo, é política. Ou mesmo que a força que o leão exerce sobre sua presa é política. Haveria algo de político nas tempestades? A gravidade é política?

Sei, exagero. Identificar a força bruta da natureza sobre suas "vítimas" não é mesma coisa que dizer que a natureza, em si, seja política. Não há intencionalidade na natureza: ela não tem intenção de dominar nada, ela simplesmente domina, por sua própria natureza de ser natureza. O poder é sua física.

Sei. Você me acusará de ironia, com uma certa razão. Há um quê de artificial (por oposição a natural) no político. Para se falar em política há que se reconhecer uma forma de poder que pressupõe a ação artificial do homem sobre as coisas. Por isso muitos entendem que há uma sociabilidade natural nas colmeias, mas isso não faz da abelha-rainha uma tirânica, nem do modo de viver das abelhas um argumento a favor do matriarcado totalitário.

E entre mamíferos superiores como chimpanzés, gorilas e bonobos? Muitos veem nestes últimos o futuro de uma humanidade evoluída politicamente: um matriarcado à base de poliamorismo naturista. Na realidade, ainda estamos mais próximos dos violentos e patriarcais chimpanzés.

Não nos interessa aqui toda essa discussão. Não porque ela não seja em si de valor, mas porque vai além do nosso escopo. Não vamos discutir o cotidiano de abelhas, bonobos e chimpanzés. Ainda que possamos aprender muito sobre nós olhando para esses animais, principalmente para nossos primos próximos, não iremos tão longe. Sempre que olho nos olhos de um chimpanzé, vejo que ele é meu parente próximo.

Entretanto, haveria algo de evolucionário no modo humano de lidar com o poder? Sabemos que o poder está na natureza, e ela o exerce de forma deslavada e autoritária. Há algo de mais ridículo do que dizer que a natureza seria democrática? Mas o Sapiens fez desse dado da natureza das coisas um dado artificial e cultural. E esse passo, sem dúvida, se deu por conta de estarmos imersos no exercício do poder natural das coisas, estando entre essas coisas o mundo à nossa volta e seus elementos, nós mesmos, nossos corpos, nossos pensamentos e nossos desejos.

A política, como um modo artificial de lidar com uma realidade natural (o poder da física), é uma resposta humana à natureza das coisas. Uma pergunta relacionada a essa questão, ainda que aparentemente oposta a ela, é: seria possível uma sociedade sem política, sem poder? O poder pode ser não gerador de conflitos? Falsos experimentos como o poliamorismo citado constituem formas de defender tal possibilidade no âmbito dos afetos, e, com isso, afirmar a política no mundo dos afetos: o ciúme é um ato político, diria um poliamorista. O anarquismo é a teoria que mais longe levou essa utopia. A política aí seria perfeita porque em lugar nenhum haveria poder e, portanto, política. Interessante perceber, como diz o filósofo Alan Ryan, toda utopia política pretende eliminar a própria política porque esta é a prova do impasse humano diante da história falhada na lida com desejos, interesses, paixões e fúrias humanas em sociedade. A política e o Direito são duas provas definitivas contra a perfectibilidade comportamental humana.

Por consequência, podemos inferir que onde há poder, não há perfeição política. O político nasceu com o pecado. Rousseau concordaria com essa ideia. Concluímos, então, que toda utopia política está fincada na ideia de superação do próprio político. Enquanto existir o político, falhamos, e a esperança de perfeição permanece morta. É desse lugar que vos falo.

Outro detalhe é importante em nosso percurso. De certa forma, pensar a política no cotidiano é pensá-la na esteira da microfísica do poder de Michel Foucault. Não com a vocação um tanto inconfessa de, ao denunciar essa microfísica, fazermos um trabalho de emancipação, mas sim que, ao descrevermos os modos distintos de o poder se misturar com dimensões variadas e, às vezes, minúsculas do cotidiano humano, ele jaz como uma inundação ou como uma contaminação, criando uma infecção generalizada na vida, causada pelo fato de que o poder permeia quase tudo que respira e sua relação mesmo com o que não respira. A presença dessa contaminação tanto pode ser objeto de horror quanto de gozo. A política no cotidiano pode brochar esse cotidiano ou dar a ele um tom de prazer e desejo, pelo simples fato de que o poder é um dos maiores, se não o maior, objetos de desejo do mundo.

2

O cotidiano da política profissional

Vejo uma semelhança significativa entre políticos profissionais e ministros religiosos: ambos são depositários de expectativas dos "leigos", mas quando olhados de mais perto, matam qualquer expectativa que possamos ter em relação a suas consistências. Nos políticos, alimentamos esperanças de melhorar o mundo, mas quando os olhamos de perto, perdemos a maior parte dessas esperanças.

Nos ministros religiosos, esperamos ver alguma forma de espiritualidade que não esteja submetida às necessidades de sobrevivência da instituição religiosa à qual ele pertence e da qual ele vive. Olhada de perto, a maioria só quer grana, poder e mais fiéis. Em ambos os casos, o cotidiano revela a inviabilidade de qualquer expectativa que vá além dos imperativos da sobrevivência. O cotidiano é o palco dessa ação.

Não é minha intenção aqui fazer uma análise técnica da política profissional. Meu objeto é a política como cosmos do mundo diário. A política como matéria do cotidiano. E esta vai além da política profissional. Mas esta também tem um cotidiano e ele nos interessa.

O cotidiano é o túmulo das abstrações e dos ideais. O cotidiano só suporta o prático, sua própria sobrevivência, e a rotina. Na política profissional não é diferente: o que importa no cotidiano de um político ativo é sua sobrevivência na máquina do poder. Mesmo aqueles que se movem por ideais de início, precisam preservar um cotidiano de encaixe no espaço institucional de poder para levar adiante seus ideais. Logo, o cotidiano é o túmulo de tudo que não sirva à preservação do próprio poder. A tendência é que o cotidiano institucional devore qualquer outra dimensão que não o leve em conta como premissa.

A primeira pergunta que devemos fazer é: afinal, a troco de que alguém resolve entrar para a carreira política? Não se trata de uma carreira fácil, sem acidentes e cheia de dependências externas para que dê certo, tais como grana, influência no seu ambiente de origem, capacidade de acordos prévios para sustentar a candidatura, enfim, elementos que são anteriores à institucionalização da política, mas que já se constituem no cotidiano político prévio.

Podemos dizer que essa pessoa entrará na política por ideais – minoria –, por ideais que na verdade visam apenas a espaço, poder e grana, por ideais que na origem não significavam busca de espaço, poder e grana, mas que, com o cotidiano da política profissional uma vez instalado, acabam por também buscar espaço, poder e grana. Outros buscam espaço, poder e grana simplesmente por pertencer a uma família historicamente envolvida com política (muito comum), na medida em que o próprio cotidiano familiar é permeado pela presença da política como opção profissional. Ou ainda por mero gosto pela coisa, que, por sua vez, pode ser, no fundo, busca de espaço, poder e grana.

A política profissional pode ser apenas uma opção, entre outras, de profissão que exige certas características de personalidade como outras também exigem. Há um ganho nela, como em outras. Arrisco dizer que, afora certas personalidades idealistas (ou, simplesmente, obsessivas) – que se mantêm idealistas mesmo depois de o cotidiano da política profissional estar instalado (minoria) –, a maioria busca a vida política para adquirir espaço, poder e grana ou para manter esse espaço, poder e grana que sua família de origem já tinha. Uma vez na política profissional, como seria esse cotidiano?

Imagine a seguinte situação. Um político qualquer se separa e sua ex-mulher recebe uma proposta de ferrá-lo em troca de algum ganho. Ferrá-lo significa aqui atrapalhar algum interesse que ele tenha em alguma esfera da máquina política. Pode ser federal, estadual ou municipal. Sua ex-mulher vai à mídia, diz que ele batia nela, que a usou como laranja para alguma baixaria. Esse tipo de situação é comum, apesar de a experiência provar, num espírito maquiaveliano, que nunca se deve confiar em quem amamos, melhor confiar no seu cavalo. A ex é sempre uma *"liability"*.

Esse exemplo é bastante didático para pensarmos o cotidiano da política profissional porque mostra que ele tem algo em comum com todos os cotidianos adultos, com a diferença de que, no caso dos políticos, isso tem impacto em certos processos institucionais importantes que podem afetar a gestão do país, do estado ou do município.

No caso hipotético anterior – que é mais paradigmático do que hipotético –, imagine que tal denúncia – se é real ou não, pouco importa, porque o dano causado atingirá seu fim muito antes que a mídia desvende o fato, se chegar a desvendá-lo – implique a derrubada do dito político de uma comissão poderosa, da articulação política do governo, da liderança de um partido ou da presidência de uma das casas do Legislativo.

O problema é que o cotidiano de sexo, afeto, casamento, construção de patrimônio comum, que comumente destrói carreiras e vidas quando se fazem contenciosos, no caso do político profissional tem o agravante de "abalar a República".

Por outro lado, a têmpera rodrigueana do cotidiano da política profissional não para nas exs. Imagine que um jornalista é nomeado diretor da redação da sucursal de um grande jornal em Brasília. Na chegada à capital da corte, garotas de programa serão enviadas ao jovem diretor da sucursal a fim de convidá-lo a participar, silenciosamente, da sociabilidade do poder federal. Alguém mais obcecado por temas de gênero dirá que são exemplos sexistas. Apesar de não me importar com os tarados de gênero, nesse caso, ele tem razão. O cotidiano da política profissional é um espaço, ainda, marcadamente masculino. Mas não se engane: esses exemplos valem para mulheres políticas, com variações de comportamento no detalhe, assim como para gays, lésbicas ou trans. As baixarias naturais ao cotidiano do poder atravessam fronteiras de classe, gênero e raça.

A escolha de apontar elementos rodrigueanos no cotidiano da política profissional é devido ao fato de que poder e sexo (e dinheiro) são intimamente associados. O poder abre as portas para o sexo, sempre, apesar de que hoje está na moda mentir sobre isso também. Dinheiro e poder sempre abriram espaços e pernas.

Mas, para além desse recorte, o cotidiano aqui em questão é tomado por encontros sociais seletos ou não (a seletividade é diretamente ligada ao grau de seriedade do que será tratado nesses encontros sociais), reuniões entre quatro paredes, tráficos de influência, enfim tudo em que o poder em si seja negociado como *commodity* para se ganhar mais poder, mais grana e mais espaço. Um caráter essencial desses encontros é o traço secreto deles. Nesse sentido, o cotidiano do político profissional é marcado por eventos em que se deve falar baixo e cuidar dos ouvidos fora das quatro paredes. É claro que a confiança é uma *commodity* rara nesse universo, por isso a tendência ao segredo, à seletividade e à paranoia. Não há muita confiança no cotidiano do político profissional, por isso ele é, em grande parte, solitário, vulnerável a qualquer mudança no jogo que garante seu poder institucional.

Vale lembrar que eventos de larga escala estão associados a outro traço desse cotidiano, que é a necessidade do marketing e da propaganda. Tudo deve ser visível para reverter em mais poder. Quando se observa que uma atividade depende fortemente de mecanismos de visibilidade positivos, sabemos que estamos no âmbito da mentira como elemento estrutural. Enfim, o cotidiano da política institucional é o mundo da mentira, mesmo que se pense estar diante de um político que você ache que é muito especial e diferente dos outros. Quanto mais poder, mais chance de mentiras. Resumo da ópera, esse cotidiano tem a mentira como seu elemento organizador.

3

O cotidiano é sempre rodrigueano

A mentira como elemento organizador nos remete à pergunta: por que precisamos mentir tanto acerca do cotidiano? Nelson Rodrigues dizia: "mintam, mintam por misericórdia". Ele tinha em mente mentiras para preservar o cotidiano das famílias de devastações maiores. A verdade é que o cotidiano não suporta muita luz porque ele é um animal das sombras. Essas sombras nascem do fato de que o cotidiano está sempre associado a tudo que se quer esconder acerca dos (falsos) bons costumes, da hipocrisia social – substância profunda da moral pública – e, mesmo, da linguagem privada.

O uso da linguagem privada no espaço público mostra claramente sua inadequação. O espaço público exige uma pose, mesmo quando se fingem emoções fortes.

Nelson costumava dizer que o desejo pinga para se referir às substâncias que mulheres e homens produzem quando estão com tesão. Podemos mesmo imaginar que, nessa potente metáfora, Nelson pensava mesmo que lágrimas pingam – lembremos que Nelson também dizia que todo desejo é triste. A própria ideia de que devemos escrever "a vida como ela é" é uma ode ao cotidiano nu.

Nesse sentido, o cotidiano tem vocação rodrigueana, principalmente quando envolve elementos como dinheiro e poder, como no caso da política. Mesmo com todo o debate sobre corrupção, assédio moral ou sexual, grande parte do dia a dia da política se faz com corrupção de costumes, de valores e entre as pernas das mulheres – se tentando chegar de modo adequado ou inadequado. O dia a dia depende da mentira como forma de misericórdia. No caso da política profissional, a mentira é um pressuposto universal do seu cotidiano.

Como fica esse pressuposto quando, ao mesmo tempo, vivemos uma era da visibilidade como condição *a priori*? Visibilidade é marketing, e o marketing nunca foi tão poderoso como hoje em dia.

4

O marketing como política do cotidiano

Se o cotidiano é o túmulo da farsa pública e carrega em si tudo que se quer esconder, e é, ao mesmo tempo, a verdade material de cada um na sua forma mais potencialmente exposta, como lidar com o fato de que uma das formas mais poderosas das políticas de comportamento hoje é a busca da exposição? Seja na vida do político profissional, seja na vida do cidadão comum, há um imperativo em jogo: apareça e agrade.

Chamo de políticas de comportamento a pressão sobre o comportamento cotidiano numa certa direção. Essa pressão nasce das ações humanas, conscientes e inconscientes no plano público, privado e institucional. Trata-se do poder articulado em formas distintas de demandas acerca de como as pessoas devem se comportar. Muitas vezes essas demandas estão tão encaixadas no cotidiano que pouco percebemos. O conceito famoso de políticas de gênero é um caso desse tipo de pressão, faz parte desse grande guarda-chuva de políticas de comportamento.

Quero aqui falar de um caso específico desse guarda-chuva. Refiro-me ao marketing como política do cotidiano. A pressão desse modo de política é evidente se olharmos para ela. Sua raiz é a demanda por ver a si mesmo como uma variável de mercado. Arriscaria dizer que o conceito de razão instrumental cunhado por frankfurtianos como Adorno e Horkheimer ficaria enrubescido de vergonha diante do nível a que chegou a instrumentalização dos sujeitos na era do marketing como narrador da vida.

Isso significa tornar a vida transparente de forma crescente. Dostoievski, no século XIX, acompanhando uma feira de ciências em Londres, ficou impressionado com um projeto de uma casa que seria uma espécie de palácio de cristal. Dentro dessa casa "do futuro", viver seria insuportável para o autor russo porque a vida precisa de zonas de sombra. Essas zonas de sombra alimentam um cotidiano minimamente saudável. As casas não se fizeram de cristal, ainda, ou de vidro, mas a vida como objeto do marketing como política do cotidiano criou uma sociedade de cristal em que todos veem todos, e em que todos querem ser vistos por todos para existir. As redes sociais são esse cristal. Quando uma certa política se faz desejo de cada um, e assim, da maioria, não há tirania maior.

O sociólogo Zygmunt Bauman já percebia isso quando falava de "vigilância líquida" em 2015. Depois dele, autoras como Shoshana Zuboff chamaram a atenção para o chamado capitalismo da vigilância. Mas, Bauman percebeu um detalhe para o qual as abordagens posteriores a ele parecem não ter dado a mesma atenção: as próprias pessoas querem uma vida transparente através dos dados e rastros deixados por elas, pois assim ganham dinheiro, espaço profissional, visibilidade e agilidade nos serviços desejados. A vigilância não é apenas uma política do grande capital, é uma política dos próprios cidadãos em busca de uma vida relevante, seja essa relevância de ordem política, social, financeira, estética ou afetiva.

Mas o marketing como política do cotidiano vai além da busca de exposição de si mesmo nas redes. Associado a isso, o cotidiano vivido sob essa estrutura é um cotidiano que implica mentiras, como era mais comum no caso de políticos profissionais e pessoas de exposição pública antes das redes.

Um cotidiano que vai além da cota de mentiras constitutivas da vida civilizada, pública e privada é ameaçador. Ficamos mais vulneráveis ainda mais quando não temos segredos – as tais zonas de sombras do Dostoievski –, e a vida transparente, editada, publicizada é uma sentença. Muito psicofármaco será vendido para cuidar desse rombo existencial causado pelo imperativo da visibilidade. Todo imperativo é uma forma de política. Este especificamente devasta a natureza da vida cotidiana e sua vocação para a sombra. Esquecemos que o Sapiens habita, grande parte da vida, a sombra.

5

Métricas como política da vida

A vida medida é o objeto desse modo político de viver o cotidiano. O poder é o metro. O historiador americano Jerry Z. Muller já descreveu o que ele chama de "tirania das métricas". Essa tirania inunda a universidade e o mundo corporativo, na análise de Muller. A política das métricas nesses dois casos se constrói ao redor do discurso da produtividade, que é um poder em si.

Nos casos analisados pelo historiador, as métricas como política degeneram os próprios sistemas de produção de resultados, como normalmente acontece quando alguma estrutura ou procedimento é elevado à condição de poder de medição. Uma vez estabelecidas as métricas de medição da produção acadêmica, científica ou empresarial, estas próprias instituições passam a funcionar para servir a essas métricas e, com isso, atingir os ganhos de quem serve ao sistema de métricas. Esse processo é típico da inundação de um cotidiano por formas políticas: se você seguir as métricas e o "clero" que as põe em prática, você ganha em marketing, em grana, em mais poder no meio em que você atua, enfim, você fica mais poderoso. Publicar ou perecer, conhecido mantra acadêmico, gera uma infinidade de artigos que ninguém nunca lerá para pontuar em revistas quali (métrica da Capes de revistas de qualidade acadêmica). Ainda bem que ninguém lê, assim ninguém vê as repetições e as irrelevâncias.

A grande promessa de todo poder é que se você o servir, você participará dele, como uma forma de divindade à qual você serve e se sacrifica por ela.

As métricas em instituições como essas se desdobram e servem a elementos econômicos e financeiros, como no caso de médicos atuando sobre métricas do número de atendimentos num determinado seguro-saúde. "Bater as metas" (risadas?), um mantra no mundo contemporâneo, significa salários e reconhecimento dentro da estrutura. No hospital, significa certificações que servem para investidores e marketing. Na oncologia, as métricas das farmacêuticas servem instituições e médicos igualmente.

As métricas facilmente cruzam com políticas de viés republicano: cotas, por exemplo. Veremos isso mais para frente quando tratarmos do papel republicano do mundo corporativo. Agora quero dedicar algumas poucas palavras às métricas no mundo privado especificamente.

A vida privada respira sobre o poder das métricas. Quantos passos, quantas calorias, quanta lactose, quantos batimentos cardíacos, quantos beijos, quantos matches no Tinder e similares, quantos abdominais, enfim, a vida num Excel de performance. A ideia da vida como performance faz parte das políticas de produtividade que veremos adiante. Mas a busca da performance como modo de viver cada vez mais se acomoda às métricas da saúde e do marketing da felicidade.

A vida pensada como uma realidade medida por metas assola também a vida profissional cada vez mais. Para além do visto anteriormente acerca do marketing digital como métrica absoluta, a relação entre metas, desempenho e felicidade é uma das formas de patologia mais acomodadas aos modos de vida dos mais jovens e não há saída no horizonte para isso. Serão esmagados, mesmo que brincando de veganos, neorrurais, artistas ou poliamoristas.

6

Políticas da estupidez

Antes de tudo, um reparo. Uma coisa é a estupidez na política, que não é nosso objeto aqui porque não nos interessa a política com P maiúsculo. As políticas da estupidez significam o poder que a estupidez tem em vários setores da vida social e privada. Claro que na época em que vivemos, podemos pensar em Bolsonaro ou Trump como exemplos de estupidez poderosa. Mas, aqui, prefiro refletir sobre a estupidez no seu sentido sistêmico e "cidadão". No limite, a estupidez se tornou uma forma de cidadania.

Podemos arriscar alguma definição operacional de estupidez? Estupidez não é mera ignorância, é o ruído que um ignorante causa por conta de sua enorme arrogância em cima do vazio de conhecimento que tem sobre as coisas. No mundo das redes, esse ruído é o próprio som que nasce dos fragmentos de informação desconexa que alimenta a estupidez ativa.

Quem imaginaria que a estupidez fosse uma forma de poder? Sempre foi, apenas existia de forma localizada, seja nos súditos, seja nos monarcas. Com a agilidade que a modernidade técnica produziu, chegando à capilaridade e à acessibilidade das redes sociais – voltaremos a elas mais adiante –, a estupidez empoderou-se.

A força da estupidez como forma política foi identificada há algum tempo. Mesmo os gregos suspeitavam dos "idiotes", membros da assembleia que raramente cumpriam suas funções comparecendo à assembleia, mas que, quando iam, se metiam em discussões e votavam sem ter a mínima noção do que se passava ali depois de tantas sessões a que eles não tinham comparecido.

Os *Federalist Papers*, escritos por Hamilton, Madison e Jay no final do século XVIII nos EUA, já se indagavam como a república americana sobreviveria à clássica irracionalidade humana e aos efeitos nefastos dos rebanhos. Havia ali um temor de rebanhos de pessoas ignorantes em assuntos do Estado. Percebia um risco à jovem democracia, que por dar excessiva vazão ao poder de todos, esmagasse a si mesma sob as botas da estupidez.

Um pouco depois, já adentro do século XIX, o francês Tocqueville, em viagem à jovem democracia americana, se perguntava acerca dos possíveis efeitos nefastos da tirania da maioria.

No Brasil, no século XX, Nelson Rodrigues se perguntou se a democracia não havia despertado o idiota do seu sonambulismo, em que babava na gravata a maior parte do tempo, para fazê-lo despertar para seu poder numérico: o idiota descobriu que era maioria!

Umberto Eco fez eco a Nelson quando falou que as redes sociais deram voz aos imbecis.

Vale aqui uma nota. Mesmo assumindo que um desses idiotas não está me lendo aqui, não se trata de destruir a democracia, mesmo porque a política com P maiúsculo não é meu objeto nesse percurso. Trata-se de perceber as contradições cotidianas em que o poder aparece nas suas formas dispersas, descentralizadas e "fora do lugar institucional". Normalmente, identificar a estupidez como forma de poder é cair no pecado do elitismo. Que o seja: a estupidez continua sendo uma chaga numericamente poderosa na democracia, apesar de que, provavelmente, é um preço a se pagar para não recairmos em sistemas políticos ainda piores.

Institucionalmente, a democracia se defende dividindo as instâncias de poder, limitando a si mesma como poder. A maioria, sob a tutela das políticas da estupidez, pensa que a democracia é um regime de voto popular soberano. A soberania popular na democracia tem duas faces. A primeira é impor limites recorrentes ao poder dos políticos com o "*recall*" programado das eleições. A segunda é dar vazão à expectativa de representatividade que as pessoas, como razão, têm. Com essa representatividade, a violência é contida dentro dos mecanismos eleitorais.

A estupidez tem um modo sistêmico de ser. Pode se manifestar dos níveis mais baixos da hierarquia até os mais altos. Diplomas não são garantia contra a estupidez. A estupidez pode estragar um jantar por conta de comentários ou comportamentos inadequados de algum convidado. A estupidez pode fazer você tomar decisões absurdas nos afetos, no trabalho, no lazer ou na vida financeira.

Uma forma especialmente poderosa de estupidez é aquela "ilustrada" através de frases feitas, recorrência a pessoas famosas como referência, afetações estéticas como as que se relacionam a gastronomia, vinhos e chefs famosos. Essa é a estupidez gourmetizada, e tão perigosa quanto.

Por último, mas não menos importante, há um fetiche típico dos tempos contemporâneos que é um caso excepcionalmente fofo de estupidez como forma de poder: o fetiche de achar que todos os problemas da democracia se resolvem com mais democracia. Um dos fetiches da democracia é a ideia de assembleísmo. O assembleísmo é um ritual em que a estupidez se manifesta com muita frequência. Dizer que todo mundo é inteligente virou uma forma de marketing ético. Esse tipo de marketing é uma forma de política da estupidez profissionalizada.

7

Políticas da cama

Não vou me deter muito neste tópico. Primeiro porque você provavelmente pensa que tratarei de temas como sexismo, violência doméstica, vitimização das mulheres. Sei que são todos temas importantes e da pauta contemporânea. Mas, a mim, não causam nenhum interesse.

Dei a este capítulo o título de "Políticas da cama" porque quero refletir brevemente sobre o elemento de poder que vai para cama junto conosco. E, muitas vezes, é parte essencial do gozo. O poder nos faz gozar no sexo. Seja quando eu a submeto, seja quando ela me submete.

Quer ver uma pergunta maldita? Por que homens de sucesso, poder e dinheiro, normalmente, têm mulheres aos montes apaixonadas por eles?

Sei, você dirá que elas querem apenas o dinheiro deles. Mesmo que essa seja a causa, já seria um caso de política na cama na medida em que dinheiro, a suposta causa para o cético do encanto causado nela pelo poderoso, é o irmão mais próximo do poder.

Mas, permita-me duvidar de tamanha explicação superficial. Acho que a alma humana pode, muitas vezes, nos surpreender pela sua profundidade inesperada e mesmo inadequada. Muitas mulheres, principalmente jovens, de fato se encantam por homens de sucesso e poder. Mesmo o intelecto masculino é erotizado pelas mulheres – o contrário raramente acontece e homens que dizem o contrário disso, normalmente, mentem para pegar uma mulher que está na sua mira.

Portanto, o poder leva mulheres para a cama com facilidade. Claro que não se pode dizer isso com todas as letras no cotidiano, mas o cotidiano prova minha tese, que aliás não é minha, é um fato tradicional, tanto que são as próprias mulheres que suspeitam de cara que mulheres mais jovens que trabalham muito perto de homens de sucesso e poder acabam por virar amantes deles.

O próprio vocabulário erótico, meter, comer, penetrar, possuir, ser sua, você é minha, fazer um filho em você ou similares, carrega esse tom de gozo com o poder. A simples ideia do corpo da mulher como objeto de gozo, e ela gozar com esse fato, ilumina o poder como figura de um

Eros político. Secretárias, enfermeiras, empregadas, assistentes, alunas, todas alimentam o imaginário do sexo lindamente. Imagino que alguém possa cuspir de raiva em cima do descrito aqui como vocabulário erótico: machista, sexista, objetificação do corpo da mulher! Pouco me importa. Deixemos a caravana passar.

Mas nem por isso deixa de ser menos verdadeiro. Outros me acusariam de ver apenas pelo lado de um homem heterossexual. O que eu perguntaria é: afinal de contas, por que eu seria obrigado a ver de outra forma se é deste lugar que vejo como o poder erotiza a vida na cama com mulheres lindas e poderosas?

Quem nunca desejou professoras de saia curta, policiais femininas, juízas poderosas, chefas gostosas e médicas deliciosas? Seja como dono delas, seja tendo-as como nossas donas, o tesão é o mesmo. O poder pode ser tão atraente numa mulher quanto numa boca com batom vermelho.

8

Política dos animais

Não vou me ater a manifestos contra zoológicos e caça a animais, apesar de guardar uma certa simpatia pela ideia de que ambas as atividades são, de fato, agressivas para com os animais e deveriam deixar de existir. Acho que quem maltrata animais deveria pagar caro por isso, mas nem por isso deixo de apreciar uma picanha. A ambivalência é a casa de todo adulto.

Desde a publicação, em 1975, do livro *Libertação animal*, do filósofo Peter Singer, o conceito de especismo tomou conta do debate ético utilitarista centrado na ideia de que os animais sofrem como nós diante do medo da morte e da dor e, portanto, devem ser legalmente protegidos desse sofrimento. O próprio movimento vegano é derivado dessa ideia, apesar de que, provavelmente, a maioria dos adeptos da seita nunca deve ter ouvido falar de Peter Singer. Especismo significa que humanos consideram os animais menos que eles e, portanto, os tratam como "coisas". A palavra faz referência, é claro, a racismo. O racista acha, por exemplo, africanos negros inferiores, os especistas acham animais inferiores, logo, os comem. Há uma consistência nesse argumento se assumimos que esse sofrimento pode ser evitado por nós de forma consciente.

Entretanto, o tema é mais complexo. Antes de tudo, o aumento da sensibilidade para com animais em geral, *pets* em especial, é um traço contemporâneo, principalmente no que concerne a gerações mais jovens. Não é clara a causa desse processo. Podemos supor algumas causas secundárias (as primárias ficam ainda obscuras): 1. a saturação da circulação de fotos de *pets* fofos nas redes; 2. a transferência da afetividade de filhos – custam mais caro, duram mais tempo, dão muito mais trabalho e são muito mais instáveis e infiéis na sua afetividade recíproca – para *pets*, daí o aumento do mercado *pet* e a diminuição do mercado de maternidades e pediatria; 3. derivada diretamente da anterior, a entrada do capital no mercado do amor aos *pets*; 4. a solidão cada vez maior da vida urbana. Enfim, são muitos os elementos envolvidos na relação entre os animais, nós, a sociedade e as formas de poder relacionadas a eles.

Mas há um elemento, talvez menos óbvio, nessa questão da política dos animais que me intriga, a saber: o fato de que, muitas vezes, o reconhecimento da violência contra uma vítima não seja argumento suficiente para eliminar a própria violência. Vejamos.

A própria natureza é a maior praticante de violência na face da Terra, apesar de que, como dissemos, não há, aparentemente, nenhuma intencionalidade nessa violência, apenas a física da própria natureza, logo, não haveria violência propriamente política na natureza. Mas evoluímos comendo muitas coisas, inclusive carne. Seria possível confiar numa "ciência da nutrição vegana" quando mesmo a ciência "oficial" da nutrição sofre com limites metodológicos e epistemológicos porque imersa em modismo de todos os tipos (sendo o veganismo um deles)? Seria possível criar crianças a partir de modismos como esses? Possível é, porque a educação é uma das áreas menos consistentes que nos cercam, mas seria desejável?

Questões como essas vão longe. Seria possível alimentar uma humanidade de sete bilhões de pessoas só com alface? Ou, para os menos radicais, só com galinhas criadas livres e felizes? Temo que não. Galinhas felizes são mais caras.

A violência dos puristas sobre a maior parte da população ganha espaço à medida que o marketing da pureza alimentar pressiona as pessoas e se constitui em tendência de comportamento que o mercado segue, já que os jovens são o que importa, na medida em que viverão mais e os mais velhos morrerão logo.

Entretanto, há que reconhecer que os modos de produzir alimentos são violentos. E que, sim, os animais sofrem. E é aí que quero chegar: seria possível eliminar totalmente a violência do mundo, pelo menos na área relacionada aos animais? Temo que não. E aqui, mais uma vez, a política revela sua face relacionada à imperfeição estrutural do mundo e que ela nunca fará um mundo perfeito, mas apenas um mundo suportável, na melhor das hipóteses. A ambivalência em relação à violência com os animais não é coisa simples de superar. Matar cachorrinhos para comer é insuportável para nós brasileiros. Matar bois e porcos, nem tanto. Matar baratas é um imperativo ético, menos para budistas infantis.

A solução é comer carne – para quem gosta e precisa – e não pensar na dor dos que sofrem. Esse tipo de atitude define muito bem a nossa vida em relação a estruturas que não temos o poder para superar. Afinal, somos parte da natureza, e ela é a casa da violência.

Uma outra área, de menor impacto quantitativo hoje, é a de sacrifícios animais em rituais religiosos. Sem entrar no mérito da religião em si – falaremos das políticas de Deus e do sagrado posteriormente –, suspeito que se não fossem as religiões de matriz africana as que mais praticam sacrifícios animais hoje no Brasil, a pressão contra tais formas de rituais seria maior por parte dos movimentos de defesa dos direitos dos animais. No caso aqui, entram em choque dois movimentos que lidam com vítimas: religiões de origem africana e os animais. Nesse embate, os animais ainda perdem, além do fato de que a liberdade de culto religioso ainda é um valor da República, mas a vida dos animais não.

9

O mundo corporativo e seu papel republicano

Na democracia, como já dizia Tocqueville, há uma tendência a tudo virar política. Sei que posso afirmar que tudo é política, mas afirmações desse tipo são flácidas porque o conceito, a política em questão, perde a força do contraste como agente de análise do mundo à nossa volta. Mas voltemos ao que interessa.

Na democracia tudo tende a ser contaminado pela política, justamente porque a soberania repousa sobre as pessoas, e elas começam a reclamar por mais eficácia dessa mesma soberania. Vou analisar duas questões dentro desse tópico da demanda feitas às empresas para que elas se façam agente de representação republicana na sociedade, portanto, instâncias políticas fora da política profissional.

A primeira, mais conhecida, são as cotas de minorias não só sendo contratadas, mas passando por processos seletivos para cargos de chefias que só as minorias podem se inscrever. Isso já deu muita discussão, versando sobre o risco da meritocracia na empresa e tal, mas temo que devo concordar com essa demanda republicana, mesmo que ela seja parte da paranoia identitária e que a mídia exagere um tanto em só tocar em temas que têm a ver com tais minorias. Já encheu o saco de tanta militância identitária nas páginas dos principais jornais do mundo.

A meritocracia em si é uma utopia, não existe em plenitude na prática empresarial e quem disser o contrário mente. São diversos os processos em que ela é inexistente. O liberalismo econômico é tão utópico quanto o socialismo: o mercado não resolve tudo. Mas, mesmo que aceitemos o desafio da meritocracia, nada nos impede de reconhecer que, entre as minorias, alguns serão mais competentes do que os outros, e estes deverão ser reconhecidos. O preconceito ceifa a possibilidade de uma concorrência mais republicana.

A segunda questão é mais complexa e menos conhecida. Alguns cientistas políticos que apresentam a típica ignorância dos intelectuais para com a vida empresarial têm defendido que as empresas, por serem instituições de enorme impacto na sociedade, deveriam ser geridas, pelo menos em parte, por especialistas em política. Para além do fato de que isso me leva a crer que esses intelectuais estão à caça de uma nova fatia de mercado, já que a universidade é sempre muito restrita e muito desonesta em suas práticas políticas internas de contratação e gestão cotidiana – o que é o contrário da pose que os acadêmicos fazem –, entendo que a ideia é extremamente descabida. Eu não daria nenhuma empresa nas mãos de um intelectual que nunca correu o risco de falir ou ter que bancar a vida de milhares ou centenas de empregados. A afirmação de que as empresas devem ser transformadas em instituições políticas é típica dos excessos de especialistas em política que nada entendem do mundo além de suas salas de aula e seus gabinetes de estudo. A ideia de que a solução para todos os problemas do mundo seja "mais democracia" denota imaturidade, oportunismo e ignorância. A ideia de assembleias de funcionários para gerir os destinos das empresas é terraplanismo na gestão dos negócios. Vemos, assim, que a política no mundo corporativo tem efeitos republicanos positivos e, ao mesmo tempo, pode se transformar em espaços de experimentalismos irresponsáveis, experimentalismos esses típicos de alguns intelectuais arrogantes em seus delírios. Não duvido de que muitas empresas, preocupadas com ter um marketing descolado, venham a gastar rios de dinheiro com palestrantes picaretas que falarão da importância de criar assembleias para ampliar a participação dos "colaboradores" nos rumos da gestão. E nunca duvide da força da estupidez como ferramenta do poder, como vimos antes. A estupidez por si só é uma ferramenta política de sucesso. E não só do Bolsonaro e afins.

10

O beco sem saída das guerras culturais

As guerras culturais não vão passar tão cedo. Para além do seu impacto direto na operação política profissional – com tendência a fragmentar a instituição da representação partidária, como bem disse Mark Lilla com relação ao partido democrata americano pré-Biden vitorioso –, essas guerras tendem a contaminar o cotidiano do trabalho, das empresas, alimentam um marketing oportunista e criam novos *lobbies* de poder em diversas instituições, além de dificultar o cotidiano político de quem tende ao centro e a uma vida mais consensualizada. O governo Biden sofrerá com isso.

E nesse caso específico, nada garante que as hordas identitárias dentro do partido democrata não venham complicar a governança em si.

A guerra cultural, ambientada nas redes sociais, tem a vocação imediatista e intolerante das próprias redes sociais. O fato de ser levada a cabo, na sua maior parte, por jovens, aumenta a vocação à intolerância. Isso traz instabilidade constante à vida política no tecido social e na dimensão representativa.

A vantagem competitiva de quem faz política a partir das guerras culturais, sejam grupos de esquerda ou de direita, nos seus amplos espectros, é que a política assume tons totêmicos, tribais, emocionais, e, por isso mesmo, regressivos, primitivos e imaturos. A política carrega em si uma forte carga mítica, como já dizia o filósofo alemão Ernst Cassirer em meados dos anos 1940, por isso não devemos subestimar a capacidade de capilarização das guerras culturais no tecido cotidiano da vida acadêmica, nas redações da mídia, nas decisões corporativas, na educação e mesmo nas relações afetivas. O cotidiano saturado de políticas permeadas pelas guerras culturais tem vocação beligerante contínua.

11

As políticas do sagrado

Para além das obviedades acerca das relações entre partidos políticos e denominações religiosas específicas, o cotidiano do poder no campo das divindades e de seus seguidores é um clássico na história das religiões. Se há algo seguro a se dizer acerca das religiões é que elas, desde a Pré-História (sem entrar nas tecnicidades do conceito aplicado ao período em questão, que nos levaria a territórios muito distantes do que aqui nos interessa), estiveram diretamente associadas às mais diversas formas de poder, institucional ou não. E isso por uma razão muito simples.

Veremos qual razão é essa e, em seguida, veremos as três áreas que, de forma didática, mas consistente, resumem a relação entre o sagrado e a religião. Vale salientar que não vou tampouco entrar nas sutilezas que compõem as diferenças entre os conceitos de sagrado e deuses, muito menos nos intermináveis debates acerca do próprio conceito de sagrado. Vou utilizá-lo naquilo que ele tem de mais próximo à ideia da política, a saber, seu poder sobre as pessoas e seu cotidiano.

Todos os estudos empíricos e conceituais acerca do sagrado, desde o final do século XVIII com obras seminais como *Discursos sobre a religião para pessoas cultas*, de Friedrich Schleiermacher, ou *O sagrado*, do início do século XX, de Rudolf Otto, ou ainda *O sagrado e o profano*, escrito já em meados do século XX por Mircea Eliade, pai fundador do estudo comparativo das religiões, apontam a presença de um forte componente de poder intrínseco à percepção que temos do sagrado – aqui não nos importa se esse sagrado é uma "substância" ou apenas um modo de percepção da realidade por parte dos homens.

Essa face poderosa do sagrado, para o bem e para o mal, presente na natureza, na fecundidade, na morte, na violência, no ciclo vital de nascimento, reprodução e morte, representa a própria noção de ordem e poder do cosmos, à qual estamos submetidos e somos parte integrante.

Esse poder nuclear marca nossa dependência para com o sagrado, que dispõe de nós como quiser, seja de forma intencional, como no caso de deuses, seja de forma não intencional, como no caso de algum tipo de força cega que tudo controla.

Mas o poder do sagrado se manifesta também nos soberanos, nos sacerdotes e em seus rituais e exigências litúrgicas, na submissão a tudo isso, nas doenças, nas guerras, na fome, nos filhos mortos, na esterilidade feminina, na impotência masculina, enfim, se manifesta nesse segundo "escalão" da vida que se caracteriza pelas contingências da vida humana.

Ao sagrado voltamos nossas preces e sacrifícios animais ou humanos, nossos rituais e nossa fé, em busca de cura, segurança, alívio e esperança. A submissão é a relação estrutural entre nós e o sagrado, aliás, como está muito claro numa das formas de interpretar o que significa a palavra *islã*.

Creio que não deve restar nenhuma dúvida sobre o alcance da presença do poder, e, portanto, da política, no cotidiano da vida com o sagrado.

Dito isso, quais seriam as três áreas em que esse poder se deixa reconhecer de forma sintética? Vejamos.

A primeira é a física ou material, que é o poder própria e diretamente sobre os corpos. Nesse campo, podemos elencar o poder sobre o dinheiro, sobre as empresas, sobre os governos, sobre os Estados, sobre as eleições, nas redes de mídia em geral, enfim, sobre tudo que é material na sociedade.

A segunda é o poder sobre as ideias e o intelecto e as narrativas. Claro que esta depende da primeira para se constituir em dado da realidade, assim como a primeira depende desta para construir uma massa de conteúdo. Ideias sobre como a vida, a moral, a política, as famílias e o cotidiano devem ser regulados por parâmetros de conduta, os discursos sobre a vida após a morte, a ideia, enfim, que organiza grande parte do poder do sagrado, que é a famosa teologia da retribuição: ofereço ao meu Deus sacrifícios, às vezes até minha vida infeliz, em troca de alguma retribuição aqui ou na vida após a morte. Que ninguém menospreze o tema da morte e da vida após a morte, pois ele é uma das pedras de toque de todo o poder do sagrado e, portanto, de seu alcance político no cotidiano dos fiéis.

A terceira é a dos afetos ou da vontade. Deus ou o Diabo agem sobre o coração, órgão da vontade, como pensavam os filósofos cristãos medievais. A religião tem um poder gigantesco sobre a vontade. E esta se manifesta nos fins de semana, na programação de lazer, no futuro dos namoros dos filhos, na possibilidade de ter trabalho e melhorar o cotidiano, na vontade de se levantar da cama de manhã se sentindo acompanhado. Essa parceria pode ser via fé ou via oferendas e mágicas. Certa feita, um personagem de um filme dizia que há dois tipos de pessoas no mundo. Aquelas que acordam acompanhadas por Deus e por um sentido das coisas e as que acordam sozinhas e abandonadas. E que ele temia um dia ser do segundo tipo.

Eis o poder do sagrado ou dos deuses. Esse poder se manifesta desde as realidades puramente materiais, até a interação entre elas e a vida do intelecto e da vontade.

12

As políticas do medo

O medo é uma *commodity* política, afetiva e existencial no mundo em que vivemos. Uma das mais importantes da nossa época, transitando pelas próprias ansiedades político-ideológicas no mundo contemporâneo, assim como pela atividade reprodutiva humana e por decisões acerca de como conduzir o cotidiano diante de tais realidades.

O sociólogo húngaro-britânico Frank Furedi vem tratando das políticas do medo desde os anos 1990. Essas políticas têm andado passo a passo com as ansiedades dos pais em relação aos filhos, aos riscos de seu adoecimento e suas relações, antes consideradas normais, nas escolas e universidades.

A política dos medos, como dito, é uma política do afeto, uma vez que o medo é um afeto, mas que como todo afeto, se refere ao mundo real e da fantasia, que muitas vezes se misturam. O medo atua, assim, dos dois lados da realidade.

A primeira característica do poder que o medo tem como *commodity* política e social já era apontada pelo florentino Maquiavel: o medo dá uma enorme massa de manobra na "gestão" de pessoas, apesar de que não se pode abusar dele tampouco. Na pandemia isso ficou claro: o medo é pedagógico e, numa certa medida, essencial para que as pessoas se comportem dentro dos ditames epidemiológicos.

O medo é civilizador. Ensina bons modos e bons costumes em geral. A covardia é muito mais bem adaptada do que a coragem, que tende a menosprezar o poder do medo dos próprios aliados. O medo faz as pessoas escolherem profissões medíocres, mas mais seguras. O medo mantém casamentos insuportáveis por anos a fio e impede pessoas de escapar de uma solidão miserável por medo de uma possível recusa amorosa. O medo faz você não ter filhos ou faz você tê-los por medo de uma velhice solitária – cálculo muitas vezes equivocado. Enfim, o medo é um laço social ancestral e poderoso, justamente por atuar dos "dois lados da cerca". Medo da morte, medo da vida, medo da política, medo do amor, medo do fracasso, medo do sucesso, medo dos riscos, medo de ter medo ou de não o ter suficiente para ter uma vida prudente. O poder do medo é evidente.

Para além desses clássicos, no mundo contemporâneo o medo se faz política de comportamento no dia a dia, movendo milhões de dólares e estabelecendo campanhas de marketing que moldam o comportamento de pais paranoicos e crianças incapazes de enfrentar qualquer coisa na vida escolar.

As políticas do medo movimentam o mercado da educação, das psicoterapias, dos psicofármacos, seja em adultos, seja em crianças. Tomar sol ou não, beber água em garrafa PET ou não, sobreviver à existência das castanhas (por conta das paranoias de alergia a castanhas no mundo inteiro, inclusive nas classes sociais mais altas que importam paranoias de Miami) no mesmo avião ou na mesma sala de aula ou não, grupos de mães de WhatsApp é uma plataforma do poder do medo, tudo é uma questão a ser resolvida dentro do campo dos direitos políticos ao pânico. Ter medo virou matéria jurídica e política. Qualquer decisão de gestão pública deve ter o medo como recurso primeiro e o medo como horizonte a ser, ao mesmo tempo, controlado.

O irônico é que o mundo nunca foi tão seguro em uma série de coisas como hoje, graças à eficácia das burocracias dos Estados, à tecnologia, à ciência e à educação. Comparadas a outras épocas, mesmo do século XX, nossa vida é um parque temático. E justamente nesse parque temático, as pessoas desenvolveram um nível de pânico do banal nunca visto. O culto da vulnerabilidade, principalmente das crianças, toca as raias do ridículo. Arriscaria dizer que na base do poder do medo e suas políticas paranoicas de Estado, mercado e comportamento está o aprofundamento do retardo mental moral da era contemporânea.

13

Políticas da depressão

Seria muito fácil apontar o dedo para a indústria farmacêutica quando pensamos nas políticas da depressão. O poder financeiro da pesquisa diagnóstica associada diretamente ao desenvolvimento de medicamentos para distúrbios psicológicos é gigantesco. Mas eu tomaria certo cuidado, beirando uma humildade metodológica, em nome de quem já dependeu algumas vezes da misericórdia de um tarja preta.

As políticas da depressão não são, no entanto, o que se pode pensar: as manipulações utilizadas por muitos para ganhar vantagens graças a uma suposta tristeza acentuada.

Quando falo de políticas da depressão aqui penso que o modo de vida atual faz da depressão uma consequência do poder desse modo de vida sobre as pessoas. Não se deprimir em alguma medida hoje em dia deveria ser considerado razão suficiente para desconfiarmos dessa pessoa. O poder da depressão, nesse caso, é poder responder negativamente à estupidez que se espalha pelo *coaching,* pelo culto da prosperidade, pela obrigação de ser feliz, enfim, pela demanda de ter um futuro glorioso. O poder da depressão nesse caso é o poder de se manter vivo sem mergulhar de vez na ilusão cognitiva que é o mundo do sucesso. A filosofia estoica, essencial quando se fala de afetos tristes, mas que podem ter uma validade ética significativa, há muito sabe que só o fracasso nos humaniza, o sucesso pode fazer de nós mesmos uns monstros. Isso nada tem a ver com ir em busca do fracasso, mesmo porque ele vai encontrar você. A depressão pode ser uma resposta da saúde mental de uma pessoa ao escândalo de um mundo adoecido pela mania de felicidade, e, neste sentido, uma política de resistência. Esse é um tipo de política inesperada à qual fazia referência na abertura deste percurso.

14
Solidão como crítica política

Eis aqui mais um caso de uma política inesperada que pode ser considerada um modo de resistência. Existe um poder na escolha da solidão como forma de vida. Esse poder é uma política de recusa da sociedade. Essa recusa pode assumir níveis mais radicais, como na violência ou no niilismo políticos, ainda que a solidão como opção política não, necessariamente, imagine um mundo que se transforme a partir da própria solidão escolhida como atitude na vida. A solidão é uma opção política discreta.

Se formos buscar alguma possível origem dessa opção na história da filosofia, é provável que encontremos alguns rastros entre os estoicos e os antigos: o mundo engana, melhor manter uma distância sadia dele.

A solidão como crítica política implica a ideia de que só mantendo uma certa distância de aglomerações e instituições, o nível de violência do poder de uns sobre os outros poderia diminuir. Aqui o debate vai além de possíveis modismos *millennials* de viver sozinho em espaços descolados. Examinemos a "substância" dessa solidão como opção política.

A solidão aqui é uma espécie de denúncia do fracasso da vida institucional em grupo. Baixos vínculos afetivos com alta retórica vazia que deságua basicamente em sexo ocasional de baixa qualidade. Contra o que o cinema mostra, sexo minimamente bom precisa de várias tentativas, nunca vai na primeira porque é feito a dois e na primeira vez é com um estranho ou uma estranha.

A solidão também é, neste caso, uma opção de vida material. Pouco investimento em propriedades e posses. Tudo mais facilmente alugado e sem as encheções de impostos e burocracia. Pessoas sozinhas ou com relacionamentos extremante etéreos (nem mais líquidos) atingem com maior grau de sucesso essa ruptura com os vínculos burocráticos na vida a dois ou mais pessoas. Fundamental não ter filhos. Adultos sem filhos são mais bonitos, egocentrados e tomam decisões mais racionais sobre aplicações financeiras. *Pets* são melhor investimento, como todo mundo sabe. Ser só faz você comer quando quer, viajar quando quer, tomar decisões sem ter que consultar ninguém.

A ideia é que a solidão protege você do poder do outro e das instituições que regulam uma relação com os outros. Para os homens, jamais engravidar uma mulher, do contrário sua vida livre acaba, mesmo que ele não crie de fato a criança. Para mulher, nem se fala... A solidão como ato político preserva o sujeito daquilo que é uma das fontes de todo pensamento político acerca da vida em sociedade, a solidão preserva o sujeito de contratos sociais desnecessários. A ideia é fazer o mínimo possível de contratos, talvez de trabalho, mesmo que melhor se líquido, e de troca de fluidos sexuais, quando for necessário, mas, sem riscos de gerar vidas que são, por sua vez, contratos eternos.

Assim sendo, a solidão como crítica política da sociedade é um ato material, não apenas existencial. Se constrói a partir de recusas institucionais e burocráticas e deságua numa liberdade com relação ao que o outro gera em nossa vida como exemplos dessas mesmas instituições e burocracias. Nada que é político é meramente abstrato. Optar por ficar só é uma recusa estoica de ser enganado e escravizado pelo mundo, mesmo que pagando um alto preço por isso.

15
Violência como política

Violência como política é quase uma redundância. É descrever o círculo como redondo, como se fora essa uma descrição brilhante. A política é violência, sendo uma prática política específica o modo como organizamos essa violência potencial à disposição no mundo à nossa volta.

A violência como ferramenta política parece fora de moda. A esquerda se pela de medo de que tragam à memória toda a violência revolucionária marxista, soviética e chinesa do século XX. A direita ganhou de novo a pecha de violenta, daí o adjetivo usado à exaustão de "direita fascista".

Para além da violência doméstica, da violência escondida no movimento estudantil e sua truculência, da violência em redes sociais usada contra jornalistas pelas hordas bolsonaristas, a pergunta que faço aqui é: a violência pode ser uma ferramenta legítima em política?

Temo que a resposta seja sim. Mesmo movimentos como Black Lives Matter, contra os abusos da polícia contra negros nos EUA e aqui no Brasil, são movimentos que carregam em si um tom de violência como saques, desordem pública e ameaças ao cotidiano. O que a mídia diria se fossem negros invadindo o Capitólio contra a reeleição do Trump? O que graças a Deus não aconteceu.

Minha hipótese é que a violência continua sendo válida como forma política de ação, dependendo de quem a usa e contra quem. A própria mídia pode interpretar a violência política como atos distintos, caso ela seja usada por grupos identificados como progressistas ou reacionários. Autores como Michel Foucault deram um novo tom de validação para certas formas de violência política no século XX: se a própria noção de verdade é uma forma de poder (a "episteme" foucaultiana), a resposta pode ser outra forma de poder que traga à baila outros modos de entendimento da verdade, já que esta, como "essência", nunca teria existido. Para Foucault, a epistemologia é política, logo, uma forma de violência.

A ampliação da ideia de violência para terrenos como o da linguagem e dos gestos, ampliação definida como violência simbólica, é uma forma de violência compreendida como resistência política contra formas não explícitas de opressão. A ideia de que haja violência simbólica em ambientes como salas de aulas e empresas demonstra esse campo de validação da violência como resposta a formas não evidentes de opressão e que não eram comuns no entendimento dos movimentos revolucionários dos séculos XIX e XX.

Enfim, a violência não é uma realidade "absoluta" como ato a ser julgado. Seu julgamento depende da avaliação política do contexto, portanto, a violência continua sendo válida, mesmo que sua justificativa seja hoje sustentada à "boca pequena" e ninguém tenha coragem de expor sua simpatia por mortes que venham a ser justificadas em nome de uma causa considerada justa. Possíveis crises nas instituições de representação política podem trazer à tona esta mesma violência até então envergonhada de confessar seu próprio nome.

16

Os limites políticos da democracia

A democracia é um regime institucional e não apenas um regime da soberania popular. Haveria limites ao bom funcionamento desse arranjo histórico conhecido como democracia? Qual seria o papel da dimensão mítica em ação na democracia?

Podemos pensar essas questões em duas frentes. A primeira é o excesso de democracia, comum em correntes que se consideram democratas radicais. Tudo deve ser decidido via comissões, assembleias e afins. Muitos que propõem esses arranjos o fazem como tentativa honesta de escapar ao desgaste dos mecanismos representativos partidários e ao fisiologismo dos poderes da república. Como experimentos semelhantes foram feitos na Islândia e em uma região autônoma da Bélgica de fala alemã (a Bélgica é um país quase abstrato), esses proponentes pensam que países continentais como os EUA e o Brasil poderiam fazer assembleias legislativas ou constituintes a partir de sorteio entre os vários segmentos de classes entre os cidadãos. O objetivo seria fazer o governo responder a leis que o povo, representado por essa amostragem randômica, criasse.

Evidente que, com os ruídos das redes, logo poriam em dúvida o método do sorteio e os resultados a que essa amostragem chegasse, como leis. A questão aqui é a crise do mecanismo de representação clássico e a busca de um sistema híbrido que escape um tanto do fisiologismo da política profissional e não se perca na absoluta inviabilidade de retomarmos modelos semelhantes aos sovietes. Democracia direta é inviável, mal funciona em reuniões de condomínio.

O cenário de fundo desse debate são os limites cotidianos dos mecanismos de representatividade numa sociedade que se mexe em movimento acelerado. O movimento sempre foi a maldição dialética da modernidade. Se por um lado ele gerou a riqueza, a emancipação, a criatividade e a melhoria material das condições de vida, por outro ele gerou um mundo sem solidez alguma, líquido, como diz Bauman, em que tudo se desmancha no ar. O destino da representação política como conhecemos é se desmanchar no ar da história futura.

Outro limite da democracia é sua sustentação cotidiana na dimensão mítica. Ernst Cassirer, nos anos 1940, já havia apontado para a dimensão mítica em ação no fascismo. Simon Critchley, recentemente, chamou a atenção para o componente irracional e religioso em toda adesão política importante.

A verdade é que a racionalidade política é insuficiente na prática cotidiana. Esta responde muito mais a obsessões, manias, fragmentos de informação que reforcem nosso viés anterior e desqualifiquem o que *a priori* tomamos como indesejável e que some aos nossos interesses práticos de forma positiva, mesmo que isso aconteça ao custo dos ditos representados ou por tais valores éticos que sopramos à nossa volta como sendo nossos.

O drama maior da dimensão mítica, irracional ou religiosa que compõe o cotidiano da política não é apenas sua falha racional, mas também a clara vocação para a mentira que tanto a adesão mítica, irracional ou religiosa carrega sobre si depois da devastação que o pensamento cético e o método científico estabeleceram na modernidade. Mesmo que reconheçamos o valor do mito como percepção de que a vida é, em grande parte, um drama, como diz o psicólogo Jordan Peterson, ainda assim, na política, um cotidiano permeado por mitos e paixões é sempre uma porta aberta ao abismo na condução da violência, que é, no final das contas, a natureza profunda da política.

17

A política da ignorância racional e os limites da cognição política

Já falamos que a estupidez pode ser uma forma de política bem-sucedida. Aqui falaremos da ignorância racional como política cotidiana, que não é a mesma coisa que estupidez, pelo menos no contexto em que discutimos: a ignorância aqui é racional, não estúpida ou, a rigor, desinformada. É uma escolha racional ser ignorante em relação à política. Vejamos.

Bryan Caplan, no seu clássico *O mito do eleitor racional,* lança uma hipótese conhecida da ciência política empírica que analisa o comportamento político cotidiano dos eleitores. Demos um passo atrás para entender onde a ideia de uma ignorância racionalmente escolhida deita raízes na história da filosofia dos séculos XVIII e XIX.

Utilitaristas como Jeremy Bentham e John Stuart Mill irão no mesmo sentido, de que o homem é um ser racional que opera fazendo escolhas que afastam problemas e otimizam soluções. Ou dito de outra forma, o princípio utilitário enuncia que os humanos fogem da dor e buscam o bem-estar. A racionalidade na escolha é ampliar o alcance desse objetivo humano.

A ideia, portanto, é que a escolha racional seja a escolha que escolhe (redundância proposital) o que é mais útil para nós num determinado momento sobre um determinado problema. O sucesso da escolha é a utilidade que a ação terá, seguindo o objetivo maior, que é ampliar o bem-estar e diminuir o sofrimento.

Como decorrência desse pressuposto, Caplan dirá que o cidadão comum escolhe racionalmente não gastar sua capacidade cognitiva, que como a de todo mundo é limitada por elementos concretos da realidade – trabalho, doenças, frustrações, um cotidiano de ocupações invisíveis, mas infinitas –, com a política, já que seu voto é 1 e, portanto, insignificante. Ele prefere investir sua cognição e razão na compra de celulares e carros, na busca de *matches* no Tinder, em ter ou não filhos, em morrer ou não.

A consequência é que o cotidiano torna a política irrelevante, por mais que profissionais das ideias berrem o contrário – e estes mesmos o fazem, em grande parte, porque profissionalmente investir cognição e razão em política é seu ganha-pão.

O fato é que há uma economia da cognição na vida, não só para decisões políticas. O conceito de cognição política hoje é um dos marcos da ciência política empírica, cujo objetivo é entender o eleitor no cotidiano para além da dimensão mítica da política.

18

As políticas da felicidade e do sucesso

O poder da felicidade é patogênico no mundo contemporâneo. A felicidade é uma das maiores formas de opressão no cotidiano das pessoas. O imperativo do sucesso é mortal para qualquer vida psíquica minimamente razoável.

A felicidade se faz política quando é nossa obrigação ser feliz para conseguir existir. A ideia parece inocente e quase natural, mas não é. Basta você fazer um exercício de imaginação e se perguntar se em alguma civilização conhecida no passado as pessoas eram obrigadas a ser felizes e ter sucesso para poderem conseguir viver e ter alguma sociabilidade.

Você encontrará muita reflexão sobre a natureza da felicidade, sua relação ou não com os deuses e a natureza, mas jamais encontrará uma estrutura material móvel em que projetar a imagem de felicidade e sucesso se torna cada vez mais essencial para você conseguir existir em todos os níveis possíveis.

Se você pensa que estou falando de sucesso material, você está parcialmente certo. Estou pensando em sucesso material, mas em mais do que isso. A felicidade como imperativo do poder sobre as pessoas implica a possibilidade de elas terem vida afetiva, familiar, social e horizonte profissional. Em qualquer entrevista de trabalho, o jovem terá que demonstrar um alto grau de tesão por tudo no mundo, do contrário ele não passará na seleção. Uma vez aprovado, terá que manter o nível de adrenalina e prazer com todos os colegas da empresa, senão não baterá as metas de afetividade construtiva à sua volta. A própria ideia de inteligência emocional já significa que um *skill* (habilidade) para ser feliz e tornar seus afetos em ferramentas produtivas já se instalou na sua vida como uma forma de política no cotidiano. A tristeza é, neste cenário, uma forma de heresia que o fará perder praticamente tudo na vida.

19

As políticas da morte como impasse ético

Dois temas me interessam no âmbito das políticas da morte: o direito de eliminar fetos e o direito de adultos conscientes escolherem morrer (eutanásia).

Sei que alguns falam em políticas da morte no sentido de um estado de exceção que decide quem tem o direito de viver e quem não tem. Longe de mim negar essa realidade. Mas não é disso que falo aqui.

O aborto é um fato político de várias formas. Podemos, primeiramente, pensar nele como um poder exercido sobre o corpo da mulher. Devido a crenças que outras pessoas, e não a própria mulher grávida, têm acerca da "origem de vida" que cresce no seu útero. Aqui a vítima do poder é a mulher. Vale dizer que dificilmente uma mulher que decide abortar o faz alegremente, mesmo que na TV apareçam mulheres comemorando a aprovação do aborto na Argentina.

Para os que entendem que o feto já é um ser humano – o debate jurídico aqui é espinhoso, mas não preciso dele para nossa discussão –, dizer que o aborto seja legalmente uma escolha da mulher é concordar com a ideia de que o homicídio pode ser uma escolha também individual (pois para estes o aborto é um homicídio).

Há também aqueles que consideram o aborto uma violência contra um ser, o feto, que não tem como se defender da mãe ou do Estado que aprove o aborto como legítimo. Nos dois últimos casos, o feto seria a vítima da violência política.

Nas situações anteriores, trata-se da morte como agente de poder. Mesmo não partilhando das crenças religiosas dos que consideram o feto um ser humano, consigo entender o horror para alguém que vê a sociedade em que vive decidir que o homicídio seja uma questão de escolha para apenas um dos lados da relação, a mulher, porque o feto não "teria escolha". Aliás, por isso mesmo, para outros muitos, por não "ter escolha", o feto não seria um ser humano, logo, não seria homicídio. Faz-se necessário desumanizar o feto eticamente para liberar o aborto legalmente.

Não considero esse passo difícil de ser dado, principalmente à medida que houver troca de poder entre as gerações no Brasil.

Ao mesmo tempo, não resta dúvida de que o aborto ilegal alimenta uma indústria da morte; e de que quem tem dinheiro aborta sem risco e sem cadeia. Um caso como esse revela que a única coisa clara nesse debate é que a morte pode ser, por si só, um agente político autossuficiente, mesmo que contraditório em termos éticos.

O segundo caso é a eutanásia. Esse, a princípio, me parece infinitamente mais simples, apesar de a maioria dos países não pensarem da mesma forma.

Pelo fato de a longevidade ser um fenômeno crescente no mundo, associado à solidão e à atomização das famílias, vidas longas demais e sem sentido passarão a ser um dado estatístico cada vez maior. Para além dos delírios distópicos de morte programada de idosos, ou mesmo do duro tema dos custos sociais do envelhecimento – numa sociedade com cada vez menos jovens, fica difícil fechar a conta de quem paga pela longevidade fora do mercado de trabalho –, a verdade é que ser obrigado a continuar a viver, mesmo sem que a pessoa consciente queira, pode ser uma das maiores formas de opressão que as sociedades mais ricas verão acontecer no futuro. O simples fato de pensar que a vida não pertence à pessoa porque teria sido Deus quem a deu me parece aqui um argumento ainda mais fraco do que aquele que defende a proibição do aborto. Não se trata de homicídio de forma nenhuma (para aqueles que pensam no aborto como homicídio, aqui eles não podem fazer essa queixa), mas de suicídio assistido. E o suicídio é um direito humano inalienável, penso eu. Ainda mais numa situação em que a vida por si só perdeu todo o sentido possível. No caso do aborto, o vínculo entre morte e poder é ambivalente e contencioso. No caso da eutanásia, parece-me apenas um absurdo negar a uma pessoa o poder que ela deve ter sobre sua própria morte.

20

Edição de genes como humanismo envergonhado: a grande biopolítica

Em 2020, duas mulheres ganharam o prêmio Nobel em Química. Coisa rara, que deve ser de fato comemorada. O trabalho delas está ligado à chamada edição de genes, que, por sua vez, se relaciona com o projeto Crispr, que, por sua vez, se relaciona ao antigo debate da biotecnologia e do mapeamento genético para fins de aperfeiçoamento do DNA e da natureza, por consequência. As relações aqui são muitas. E as controvérsias também. Mas, antes, um recuo ontológico.

Afinal, o que é a natureza? Esse tipo de pergunta é uma pergunta ontológica: qual o ser da natureza? O que nela faz com que ela, por exemplo, não seja cultura ou técnica humana?

A oposição grega entre *physis* e *techné*, em que a primeira é o terreno do que existe sem causação humana e a segunda é sempre causada pelo humano, tem sido posta em dúvida por autores como o antropólogo brasileiro Eduardo Viveiros de Castro, com seu conceito de "multinaturalismo", e pelo filósofo chinês Yuk Hui, com seu conceito de "tecnodiversidade" e "cosmotécnica", entre outros. Em ambos os casos, ainda que não seguindo trajetos idênticos – o antropólogo parte da percepção da natureza e do mundo a partir do perspectivismo ameríndio, o filósofo a partir de dentro da crítica filosófica à filosofia da natureza –, o foco é dizer que há múltiplas ontologias da natureza e não só a ocidental clássica.

Nesse sentido, a ideia de que haveria uma fronteira ontológica entre o que o humano faz e o que existe "por si mesmo" seria uma forma de helenocentrismo. Aliás, sabemos que mesmo para os hebreus antigos, na sua língua, nunca existiu conceito de natureza (como uma entidade regrada pelas suas próprias leis), porque o mundo é sustentado pela vontade de Deus, logo, se essa vontade é histórica, ela se realiza também pela ação humana.

O que esse recuo quer dizer? Ele quer dizer que mexer no DNA, editar genes para fazer melhores e mais maçãs, ou editar genes humanos para fazer melhores bebês – sem delírios eugênicos nazistas, por isso seria levado a cabo pelo mercado e pelas próprias pessoas em busca de filhos mais capazes de sucesso e qualidade de vida – não implica escândalos ontológicos, já que a compreensão do que seja natureza é meramente cultural, histórica, social e, portanto, política.

O humanismo envergonhado do projeto Crispr de edição de genes logo deixará de ser envergonhado e se constituirá numa fronteira da grande biopolítica: direitos genéticos iguais para todos.

Esse processo movimentará religiões, defensores da secularização, defensores do "direito" de fazer bebês no banco de trás do carro, mercados farmacêuticos, mercados de seguro, política profissional, universidades, movimentos identitários, enfim, será um grande debate político cotidiano, que será vencido, claro, pela busca eugênica humana já apontada pelo filósofo alemão Peter Sloterdijk em 1999 no seu *Regras para o parque humano*.

Reproduzir via sexo será visto como crime de irresponsabilidade reprodutiva, punido por lei. Mais poder do que isso, impossível.

21

Niilismo como opção política

O niilismo é um conceito filosófico complexo. Não vou me ater a ele de modo profundo aqui. Já escrevi um livro sobre isso.

Uma das faces mais importantes do niilismo no século XIX, quando nasceu, foi sua face política na Rússia, assim como sua face de filosofia da natureza, na Rússia e na Alemanha, seu lugar de nascimento. Nesse segundo momento, o niilismo toca de forma direta no que acabamos de discutir no capítulo anterior: nossa compreensão da natureza e nossa ação sobre ela. Em ambas as instâncias, o niilismo implica uma visão amoral de mundo, um relativismo radical e uma postura diante do mundo abissal. Qual a política que emergiria dessa convergência de dramas?

A crítica que autores como o russo Alexander Herzen fará da filosofia da natureza de Schelling e da filosofia da história de Hegel a partir do evolucionismo é bem característica do niilismo em todas as instâncias às quais fiz referência. A filosofia da natureza de Schelling, muito influente na Rússia do século XIX, descrevia a natureza como uma entidade harmônica, dramática, bela e parceira do ser humano. Portadora de um *telos*, uma finalidade que era sua própria harmonia intrínseca envolvendo seus elementos constituintes, entre eles, os seres humanos e sua história. A filosofia da história de Hegel, por sua vez, oferecia um *telos*, uma finalidade, um sentido, irresistível para a alma humana em busca de parceria ontológica com o tempo e o espaço.

O evolucionismo acabou com isso tudo descrevendo uma natureza cega, sem finalidade, indiferente a tudo que é humano. O niilismo é filho direto dessa ateleologia (ausência de finalidade das coisas, do mundo, da história, do cosmos, do humano). Herzen, diferentemente de outros que cairão em depressão com essa ausência de sentido, como Turgueniev e Tolstoi, verá na cegueira da potente natureza nossa potência em criar mundos de forma livre. Não falo de Nietzsche de propósito: não quero adentrar o niilismo metafísico poético do super-homem. Prefiro o debate político de Herzen. A cegueira cósmica é nossa liberdade de ação. Todavia, a solidão cósmica de um universo cego é o poder puro do abandono sobre nós. Herzen prefere decliná-lo na forma de um discurso da potência, e Turgueniev e Tolstoi são inundados pelo poder angustiante dessa solidão ontológica.

O cotidiano político desse niilista, como foi chamado, será essencial para a Revolução Russa e para os bolcheviques. Lenin chamava Herzen de o primeiro socialista da Rússia. Herzen morreu no ano em que Lenin nasceu, 1870. O milionário Herzen dedicou sua vida e sua fortuna à família, aos amigos e à revolução. Na prática, foi um jornalista combativo. Esse era seu cotidiano. E, facilmente, niilistas podem dedicar seu cotidiano ao combate de ideias.

Para além da política agressiva dos bolcheviques, herdeiros dos jovens niilistas do século XIX, leitores de Herzen, como Tchernichevski e Nechayev, entre outros, o niilismo como opção política enfrenta de cara a aceitação de que não há sentido nem no cotidiano em si, nem na prática política em si, nem na história em si. Herzen via nesse vazio de sentido uma liberdade jamais encontrada para a ação humana. Entretanto, por outro lado, como ele mesmo dizia, "não há solução para o homem moderno", logo, nada de utopias. O vazio de sentido é um poder em si agindo sobre nós.

O niilismo como opção política, para além do histórico que esse conceito tem de forma concreta descrito brevemente aqui, implica não ver *telos* na própria política, mas apenas no cotidiano do combate em si. Logo, trata-se de uma opção que busca sentido numa ontologia da potência – o homem é forte o bastante para suportar a solidão cósmica porque ele é parte da dança violenta e criativa do cosmos – contra uma ontologia da insuficiência – segundo a qual o homem é incapaz de enfrentar a solidão cósmica. Ou essa opção gerará assertividade ou depressão. Por isso mesmo, suspeito, o niilismo como opção política e como cotidiano implica uma bipolaridade em relação ao poder da solidão cósmica sobre nós. Essa bipolaridade não tem solução.

22

O cotidiano do conservador e do progressista

Essas duas palavras são por demais cansativas no seu uso político-partidário. Não vou me ater aqui a percorrer suas definições, nem defender ou criticar nenhuma delas. Se a política era ruim há 30 anos, não melhorou de lá pra cá. Mas não sou do tipo que crê em perfectibilidade do homem, portanto, como disse na abertura deste livro, não me causa mal-estar o mal-estar de ceticismo que o olhar sobre a teia do cotidiano pode provocar.

Vou me dedicar aqui a tentar descrever o cotidiano do conservador e o do progressista a partir da oposição que faz o filósofo inglês Michael Oakeshott, do século XX.

Essa oposição opõe o olhar cético ao olhar da fé, em política. O conservador é o cético. O progressista é aquele que tem fé em si mesmo, na racionalidade política e na capacidade humana de construir engenharias político-sociais. Mas, nos dois casos, podemos atingir um ponto em que cada um dos comportamentos compromete o cotidiano das decisões e ações.

O cético tende a duvidar. Prefere mudanças no varejo, nunca no atacado. Parte de problemas concretos e faz ajustes para esses problemas, com pouco acesso a abstrações sobre a realidade. Por consequência, o cético não lida com ideias como "acreditar nisso ou naquilo", mas age a partir de hábitos até então funcionais e os ajusta à medida das dificuldades. Sua força está no cuidado com a vaidade da razão, sua fraqueza, no risco da imobilidade da adesão ao hábito.

Aquele que se move na política a partir da fé busca aperfeiçoar continuamente a sociedade e o homem a partir de concepções abstratas acerca de ambos. Tende a pensar em termos de mudanças no atacado e despreza o varejo. Sua força está em aceitar novas ideias, novas posturas e se abrir a experiências desconhecidas. Sua fraqueza está na vaidade de crer demais em si mesmo e nas suas ideias.

Você pode estranhar que o cético seja o conservador. Mas a culpa não é tanto sua, é só falta de repertório geral entre nós. O conservador é aquele que crê pouco e isso pode levá-lo à imobilidade. O progressista se move bem e aceita mudanças, mas, no fundo, é um homem de fé.

23

A política no cotidiano da universidade

A imagem de que a universidade seja o lugar sagrado do conhecimento, da ética, da transparência talvez seja uma das mais infantis que se possa ter de uma instituição. Com isso não quero demonizá-la. Sou um "homem academicus", e sempre me deu alegria dar aulas, fazer pesquisas, e continuo assim fazendo. Mas quando se trata de refletir sobre a política no cotidiano da universidade, talvez valha aquela máxima de sabedoria: tape o seu nariz.

Entretanto, vale dizer que, em grande parte, essa baixaria cotidiana das políticas internas da universidade, que não ocorre só no Brasil, se deve à própria infraestrutura que se deu quando a universidade se tornou um lugar de carreiras profissionais. O que está em jogo é o poder corporativo para garantir o emprego. Engana-se que se queira debater qualquer coisa; o que se quer é homogeneização do pensamento e poder nas instâncias colegiadas de decisão. O resto é secundário, inclusive os alunos. Docência, pesquisa, extensão, tudo a serviço da sobrevivência política interna.

O velho sábio Arthur Schopenhauer já chamava a atenção no século XIX para o risco de a filosofia virar profissão na universidade e perder sua função essencial de refletir, e não de garantir fama e empregos.

Já no século XX, Russell Kirk, historiador das ideias conservadoras – lembre-se do que eu disse sobre o que é conservador e não me venha com bobagens ao ler esse termo –, desistiu da vida acadêmica e escreveu um livro em que dizia que a universidade perdera sua função ao se transformar em lugar de pessoas que buscavam nela a sobrevivência financeira, e, portanto, faziam do conhecimento escada para pagar contas e garantir espaços institucionais.

Podemos perceber, claramente, um tom aristocrático na crítica que faz Kirk: só pessoas com patrimônio poderiam estar na academia porque precisar "ganhar a vida nela" seria uma condenação à miséria intelectual. Sem dúvida, ser carreirista na universidade é parte das causas de sua miséria política cotidiana, mas nem por isso interditar o ingresso na carreira acadêmica para "as classes médias trabalhadoras" seria justo ou mesmo garantia de salvá-la. Muita gente com patrimônio participa da miséria da universidade, às vezes só pela vaidade intelectual, moeda corrente no mundo acadêmico.

Mas a verdade é que a luta pela sobrevivência na universidade é, como em muitos outros lugares, ambiente para um cotidiano político infame. Pois, sendo a sobrevivência uma luta pelo poder de sobreviver, é quase impossível que isso não acarretasse em uma predisposição a lutar pelo poder como centro da vida acadêmica.

A academia é pobre na maioria dos casos. Você pode ficar famoso, claro, e isso seguramente vai destruir o convívio com os colegas, porque um dos afetos típicos da vida acadêmica é a inveja em larga escala. Basta ter muitos alunos, muitos orientandos, alunas apaixonadas por você, no caso dos professores, que você será objeto de ódio. Nada de novo no *front*: inveja existe em toda parte. O que choca excepcionalmente no caso da universidade é que se espera uma certa qualidade de santidade nos acadêmicos dedicados ao conhecimento, e esta expectativa é reforçada pela postura arrogante e falsa que muitos assumem em seus pronunciamentos. Falar em ética depois que se manipula concursos e se persegue alunos para destruir seus orientadores é difícil de engolir.

Concursos são forjados, tapetes são puxados, demissões causadas por colegas, espaços internos perdidos, cursos negados, tramoias criadas para destruir carreiras – e com a economia dos assédios, isso piorou muito. Uma reunião de colegiado de curso não é melhor do que uma reunião do Centrão em Brasília.

Há também as "agências reguladoras" que devem ser colonizadas por grupos de interesses que facilitam a aferição de produtividade e notas. Muita gente publicando artigos quase iguais sob a garantia de que ninguém vai ler.

Claro que nas Humanas, que não "padecem" de nenhuma demanda de "*accountability*" (prestação de contas, responsabilização) com relação a resultados para a sociedade, a situação é ainda pior. Mas a política do cotidiano nas Ciências não é, tampouco, pura. Porque, aliás, política pura é um triângulo redondo.

Assim sendo, é uma corrida de ratos pelo poder. Claro que há exceções, mas estas, normalmente, são as que sofrem com o peso desse cotidiano.

24

O elemento ficcional na política: quando tudo é narrativa

É comum se dizer que o que importa na política é vencer a narrativa. Movimentos como o MBL se tornaram famosos não só por isso, claro, mas também por disputar pau a pau corações e mentes dos mais jovens nas redes sociais, oferecendo uma narrativa da política à direita, a fim de tomar o poder.

Durante a peste, muita gente disputou as narrativas sobre as mortes, os remédios, o *lockdown*, a economia, as vacinas, o futuro, enfim, ganhar a narrativa da peste seria ganhar poder. O vínculo estreito entre essa compreensão de política – tudo é ficção, tudo é narrativa – e política e epistemologia é direto, assim como a relação com política e redes sociais, mas veremos esses tópicos mais adiante. Aqui gostaria de dar um pouco de atenção ao que significa dizer que em política tudo é narrativa: isso significa dizer que o que importa é a forma como você inventa, cria, expõe. O poder está na linguagem e na retórica. Essa é uma maldição desde Atenas.

"O Homem é a medida de todas as coisas", dizia o sofista Protágoras, e com essa ideia ele adianta o credo relativista com desdobramentos fundamentais ainda na Grécia antiga: a democracia é sofista, seu cotidiano é a arte do convencimento. Seja lá o que for a "verdade", ela nunca interessou à democracia na construção cotidiana do poder. E isso nos choca ainda hoje. Os meios de ampliar a informação ou formação das pessoas não parecem estancar o sangramento da busca de credibilidade, quase como um movimento inercial de enxugar gelo. Pelo contrário, a afirmação sofista tornou-se "ciência".

Grandes filósofos, historiadores, cientistas políticos e sociais sustentam, tranquilamente, que tudo é ficção ou que a História é narrada do ponto de vista do vencedor. Ainda que ao dizer "ficção" não estão a dizer que tudo é "falso", estão, na verdade, afirmando algo mais radical: toda criação humana padece de um déficit de verdade. O niilista ouve isso com água na boca num gesto que antecede o ataque.

25

O cotidiano reforça a ideia de imperfeição política

Existem duas formas de se compreender o animal político: seguindo o economista americano Thomas Sowell, podemos pensar esse animal numa forma restrita em termos dos seus recursos psicológicos, sociais e políticos, ou numa forma irrestrita em relação a esses recursos. Olhemos de mais perto. Como seria o cotidiano de alguém que se reconhece como um ser restrito em seus recursos e de alguém que se vê como um ser de recursos irrestritos?

Antes de tudo, essa discussão dialoga de perto com o ceticismo x a fé em política, sendo que aqui o foco é mais a percepção dos recursos que tem o homem para realizar o poder ou se submeter a ele, com ou sem sucesso. Suspeito que a experiência do cotidiano histórico sustenta nossa imperfeição política atávica. O que não implica necessariamente inércia, mas sim a maior virtude política para o grande Aristóteles: a prudência.

A relação com o poder no modo restrito é saber-se limitado no exercício do domínio sobre ele. O poder pode corromper quem o tem, quem o deseja e quem se submete a ele. Não podemos fazer tudo que queremos sem errar em algum lugar profundamente. E como o poder é sempre violento no final do dia, só o cuidado e a humildade diante de nossas capacidades em relação a ele podem diminuir os riscos. Essa é a prudência.

Na visão restrita, devemos agir com cautela, cotidianamente, em relação ao poder porque nossa racionalidade não é suficiente para nos conter. E, além disso, como nos ensina o britânico Michael Oakeshott, já citado, o excesso de racionalidade tampouco é a medida, porque podemos perder qualquer vínculo com hábitos ancestrais que contêm nossos piores impulsos, ao desprezá-los em nome da soberba da razão. Não há clareza plena entre limites práticos políticos e uma moral racionalista.

Já na visão irrestrita, que supõe um infinito de recursos infinitos no homem, podemos chegar a crer que controlaremos o poder na direção que bem quisermos sem riscos de perdemos a clareza do que estamos fazendo. Na hipótese de um aperfeiçoamento infinito do homem reside o risco da imprudência. A observação puramente empírica e histórica do cotidiano humano, apesar de claramente suportar acertos e avanços, não parece justificar uma excessiva crença na perfectibilidade infinita do homem. A prudência política é a virtude que o cotidiano nos ensina.

26

A política no cotidiano como paranoia

Traços paranoides aparecem com frequência no âmbito da política porque a política é a esfera do poder, e o paranoide se relaciona diretamente com a ideia de que ele tem uma posição privilegiada em relação ao poder, seja no sentido de poder institucional de alguma forma, seja no sentido de poder mais amplo, relacionado a esferas em que, quando vemos o poder nelas, já estamos nos aproximando do estado paranoide de alguma forma. O paranoico é um "herói solitário" contra um poder maior que os idiotas normais não veem.

Paranoia para Freud é uma parente próxima do conhecimento, trabalha estabelecendo vínculos, percebendo relações, gerando comparações e sistematizações. Por isso, o paranoico vê "todo esse esquema" em que as pessoas mais normais não percebem nada. A lábil fronteira entre a paranoia e o conhecimento pode ser o momento em que você, simplesmente, desencana de "entender tudo". O paranoico vê sentido em tudo. Ser normal aqui é recuar diante do falso poder absoluto de entender sempre tudo.

Por isso, a mente conspiratória é paranoide. Ela desconfia de que o homem não foi à Lua, de que as eleições x foram roubadas, de que todo mundo a odeia, de que o coronavírus veio para punir as pessoas por algo que ela sabia há muito tempo. O elemento político, no sentido de poder instaurado nesse processo cognitivo, racional e afetivo – e digo racional porque ao paranoico não lhe falta razão, falta-lhe tudo mais, como dizia o inglês Chesterton –, está em vários elementos da cadeia.

O paranoico acha que algum poder importante o está perseguindo ou ele é o único – e outros esquisitos como ele – que percebe que há um poder oculto colocando em risco o mundo, a sociedade, as informações, a ciência. Na pandemia essa característica apareceu por todo os lados. Ele acha que o homem não foi à Lua, e ele, sozinho, em seu miserável apartamento de quarto e sala, sabe disso. Nesse sentido, a mente paranoica presta um gozo ao invisível e irrelevante cidadão esmagado pela condição do anonimato em todos os níveis. Paranoico é, normalmente, gente que não come ninguém.

Há uma outra forma de mente paranoica que é mais fofa. São aquelas pessoas que "descobriram" que têm gente e empresas querendo matar todo mundo com alface "inorgânica". Essa gente nunca lembra que o câncer é tão orgânico quanto a feirinha chique que o cara frequenta. Nesse caso, a paranoia se associa a um elemento de autopercepção como alguém do bem. No exemplo anterior não há esse componente de autoavaliação moral positiva.

Uma pessoa que luta contra o poder das empresas de galinheiros industriais que maltratam as galinhas e seus ovos combate um poder do mal e não apenas um poder que "engana".

Um reparo moral antes de ir em frente: o sofrimento animal e em todos os níveis no mundo é uma realidade insuportável mesmo, mas há que se aceitar um princípio que analisaremos ao final, a saber: a violência nunca acabará no mundo, e acabar com ela é uma forma, em si, de violência. A política é trágica, sempre.

Esse poder que faz sofrer as galinhas e seus ovos também engana, mas ela, a heroína solitária, ao ter o poder de perceber esse poder maquiavélico, se veste com o poder da santidade. Sempre um perigo esse tipo de gente santa.

Por último, vale dizer que a própria política profissional, no seu cotidiano, é paranoica, porque ter o poder na vida institucional, como ensinava o velho Maquiavel, é uma condição solitária, instável e quem quer ser amado facilmente nunca deve escolher a política como cotidiano. O poder é só.

27

A política da produtividade como "*mindset*"

Se existe uma área em que somos cegos em relação ao caráter absolutamente autoritário é a área do comportamento para a produtividade. Se os americanos há anos falam em "*publish or perish*" para o mundo acadêmico, podemos dizer que esse imperativo no mundo do trabalho em geral tornou-se uma regra mortal, ainda que gourmetizada, como tudo que é mortal no mundo do trabalho no espaço contemporâneo.

Todas as qualidades valorizadas pelo mundo do comportamento produtivo implicam uma submissão ao poder da produtividade disfarçada numa linguagem de marketing de comportamento. Vejamos.

A ideia de controle de processos é essencial. Essa ideia está posta já no modelo de ciência de Francis Bacon entre os séculos XVI e XVII. A intenção é um conhecimento que não seja "escolástico", no sentido de inútil quando dito de forma pejorativa como era para Bacon. Controle via tecnologia, monitoramento e uso de todos os processos, comportamentos e objetos do mundo. Nada escapa à transparência da função bem realizada e otimizada.

Uma pessoa ou corporação deve ser criativa, original e ter iniciativa. Aquilo que os românticos, os melancólicos, percebiam que, na modernidade, seria uma devastação para a vida não instrumental, estratégica e interesseira dos séculos XVIII e XIX. O "gênio romântico" – a capacidade intuitiva de fazer o que os comuns não faziam –, que no escopo da filosofia romântica vinha, justamente, acompanhado de desespero diante da devastação em curso, agora é roteiro de *workshop* de criatividade, originalidade e iniciativa. Todos devem ser criativos e bater metas em que a arte de inventar seja medida num Excel. A contradição salta aos olhos: você deve produzir como uma máquina, mas posar de poeta.

Nem o pensamento crítico sobreviveu à fúria instrumental. O poder instrumental pretende submeter qualquer capacidade a um único objetivo, ele mesmo. Aliás, essa é uma das características que Theodor Adorno, no século XX, identificou como uma espécie de beco sem saída na modernidade burguesa: até a crítica a ela é um nicho de mercado e está, portanto, imersa na política de produtividade. Ser crítico é, também, avançar a capacidade produtiva da sociedade de consumo.

Liderança e influência social. Às vezes, assistindo a eventos corporativos ou palestrando neles, canso só de imaginar que as pessoas têm que liderar o tempo todo, quando não conseguem nem decidir se devem amar ou ter filhos. Aos jovens é dito: deixem uma marca no mundo. Como se deixar marcas no mundo não estivesse associado a alguma forma de sofrimento atroz transformado em virtude em algum *workshop* de inovação.

E não se esqueça de treinar e aprender a solucionar problemas complexos. Faça cursos, não descanse nunca. Problemas simples não bastam, os problemas devem ser complexos. Pergunto-me qual o complexo mental que move alguém a redigir isso como imperativo para o "futuro"? Seja qual for a resposta, quem redige aporta o poder da produtividade à sua vida cotidiana.

A vida emocional é uma das áreas mais colonizadas pela política da produtividade, a ponto de inventarem a tal da inteligência emocional, ou seja, uma forma de fazer todos os seus afetos produtivos, e não "doentes" como eles são. Observar a si mesmo para ver se seu medo é proativo ou antiativo. É evidente que existem elementos emocionais mesclados com a atividade cognitiva e intelectiva, isso se sabe há cerca de 2.500 anos. A questão agora é como fazer uma organização dessa relação para que você seja mais proativo e mais assertivo. Todo cotidiano – aqui no caso a vida emocional – que cai sob domínio do poder é destruído de alguma forma para servir a esse poder.

O raciocínio também, enclausurado na obrigação de produzir novas ideias para novos produtos. Além disso, você deve ser persuasivo – saber mentir com classe – e, acima de tudo, ter um "*lifelong learning*", eternamente aprendendo, porque você sabe que aos 45 anos estará "*out of business*".

Além da pressão pela produtividade contínua, fica claro no caso desse cotidiano das políticas de produtividade o caráter de mentira gourmet da mensagem. No final do dia, ou bate meta ou rua. Com ou sem área para o seu *pet* na empresa. O "*mindset*" é da escravidão à eficácia.

A política em relação ao conhecimento, a expressão e a linguagem são as formas mais avançadas da experiência da política no cotidiano. Afinal, existe conhecimento mesmo? Ou tudo é poder? O que vale é a narrativa, como vimos anteriormente?

28

Política e epistemologia

O diálogo platônico *Teeteto* é aquele em que o problema da oposição episteme x doxa aparece de forma mais clara. O diálogo em que Sócrates descreve seu método maiêutico.

Epistemologia de lá pra cá se transformou na disciplina da teoria da ciência. Mas o campo de problemas aqui vai além: afinal, como sabemos que algo é verdade? Não sabemos. Os céticos já diziam isso, os sofistas, os niilistas. Mas quando dizemos que verdade é poder, que conhecimento é poder, que episteme é poder, damos um passo adiante. Uma coisa é lutar para diminuir as arestas relativistas de um conceito, é quando aceitamos que os hábitos são bons guias em meio à fragilidade da razão, e ainda quando nego todos os valores e assumo uma vida como se não houvesse amanhã. Outra coisa é quando afirmo que conhecimento e verdade são formas de poder e o que importa é conseguir impor um certo conjunto de "verdades" para um certo grupo de pessoas.

Nesse caso, a epistemologia vira política e, ao fazer isso, engrossa o caldo do descrédito da noção de credibilidade e abre as portas para o niilismo, mesmo que digam que estão trabalhando pela emancipação dos oprimidos.

29
Política e ciência

Mais uma breve nota completando o dito no capítulo anterior. O epistemólogo Imre Lakatos (1922-1974) dizia que a ciência é composta por um núcleo duro de racionalidade e método e uma região exterior a esse *"rational belt"* composta por toda sorte de elementos que não compõem o núcleo racional.

Lakatos pretendia achar um meio-termo entre o "relativismo" dos paradigmas de Thomas Kuhn e a rigidez da demarcação entre enunciados científicos e não científicos de Karl Popper. O resultado foi a tese segundo a qual a ciência é composta por elementos extrarracionais que impactam diretamente a prática cotidiana do núcleo racional e seus agentes. Assim sendo, não só dados empíricos que visam pôr abaixo o núcleo racional, como jogos políticos, financiamentos, vaidades, contextos históricos, enfim, tudo o que Thomas Kuhn chamava de dimensão sociológica da ciência agindo sobre os paradigmas, refluem sobre a prática metodológica "pura" da ciência. Durante a pandemia, as disputas políticas entre médicos e cientistas foram parar na mira das câmeras da televisão, confundindo muitas vezes o público que buscava ingenuamente ver em ação o núcleo racional da ciência, mas que acabava encontrando elementos extrarracionais encarnados, muitas vezes, nos médicos e cientistas.

30
A política das redes sociais

Muito já foi dito sobre política e redes sociais. Acrescentaria aqui apenas três detalhes que me parecem importantes, pois incidem diretamente sobre a política do cotidiano, mas normalmente são considerados colaterais.

O primeiro é o fato de que as redes sociais e suas métricas de marketing digital têm um poder gigantesco sobre o que pode ou não circular na rede. Grandes youtubers ou similares podem destruir carreiras, inviabilizar conteúdos ao seu bel-prazer, praticando um tipo de política sem nenhuma *accountability* ou mediações. O nível de poder desses agentes é, em geral, inversamente proporcional ao nível do conteúdo que geram, criando uma espécie de grande rede de lixo como engajamento.

Outro fato é que as redes não são o espaço do múltiplo, como muita gente pensa que é – com isso não quero dizer que alimento qualquer ingenuidade com relação à qualidade dessa multiplicidade sonhada. Grande parte das pessoas reagem apenas aos grandes gigantes, influenciadores que pautam as redes, daí falarem de uma broadcatização (de *broadcasting*) das redes. O último é, talvez, o mais alarmante em termos institucionais. As grandes redes pertencem a empresas privadas, mas seu "produto" é conteúdo público de enorme impacto na vida política, social e econômica. Quando o Twitter bloqueia um Trump derrotado (queria ver se bloqueariam se ele tivesse ganhado as eleições), é uma empresa privada decidindo quem pode ou não emitir opinião. Trata-se de um perigoso caso de privatização do público na forma de censura. A grande mídia só aprovou a atitude do Twitter porque não havia riscos de mercado para ela e porque ela é, descaradamente, democrata nos EUA.

31
Política na educação

A política na educação à qual aqui me refiro não é política de educação, mas a política comezinha do dia a dia.

A educação é um espaço que normalmente atrai pessoas idealistas (todo idealismo tende a passar com a pobreza do dia a dia de um professor) ou, simplesmente, pessoas que não conseguiriam seguir carreiras mais competitivas. Isso implica, diretamente, a baixa qualidade intelectual do quadro. Não é à toa que consomem literatura de autoajuda e motivacional como paradigma pedagógico e aderem a todo tipo de moda emocional barata.

A política do cotidiano da educação é, normalmente, dominada pela luta por cargos mais bem remunerados na hierarquia e garantias corporativistas. Uma das consequências dessas circunstâncias é que o aluno ou o conteúdo é sempre o menos importante. Só ingênuos acreditam que o aluno é, de fato, a atividade-fim da escola num cenário saturado de salários miseráveis no espaço público e saturado de muitas escolas privadas para poucos alunos da classe média alta para cima.

No caso das escolas particulares, o aluno e seus pais contam como consumidores, e aí a intenção é servir à busca de autoestima das crianças, que é o que os pais normalmente querem de uma escola hoje em dia.

As escolas, como projeto, servem ao marketing e ao mercado. O professor, que um dia foi um elo na cadeia do mundo intelectual, é hoje, apenas, um "facilitador" na cadeia dos produtos do marketing.

32

O cotidiano político na arte e na cultura

Assim como na universidade, o mundo da arte e da cultura é o oposto do que pensam os ingênuos. Em geral, na universidade circula muito pouco dinheiro, o que faz as pessoas facilmente agirem como lobos em pele de cordeiro.

Sexo em troca de papéis – apesar de todo o blá-blá-blá acerca do tema do assédio, futuro em troca de sexo continua sendo uma prática. Nunca devemos menosprezar práticas pré-históricas. Mulheres sempre tiveram no sexo uma forma de sobrevivência em meio à miséria. E o mundo da arte e da cultura é miserável em grande parte.

Vaidades são sempre perigosas. Como diz o escritor americano Bret Easton Ellis, o ator é alguém que escolhe livremente passar a vida implorando por atenção, ninguém o obrigou a isso. Assim, com o tempo, o ambiente se torna saturado de pessoas envelhecidas e sem chances de agradar mais ninguém.

No fundo, a cultura é o que menos importa na política cotidiana da área. Assim como na universidade e nas escolas, a atividade-fim é simples garantir a duras penas o pão de cada dia, só que imerso em purpurina.

33

O fetiche do jovem tolerante no cotidiano político

Eis um novo fetiche do horizonte político contemporâneo: o jovem que entra para política como figura necessariamente positiva. Apesar de se fazer necessário, sem dúvida, renovar os quadros dos políticos profissionais, muitas vezes, os jovens são muito mais intolerantes e geradores de conflito do que um político com mais idade e experiência.

O fetiche do jovem havia sido apontado por Ivan Turgueniev em *Pais e filhos* ainda no século XIX. Já no XX, Nelson Rodrigues denominava a "razão do jovem" como sendo um tipo de atitude em que uma pessoa tinha razão só porque era jovem. Na verdade, a tendência é que o jovem saiba muito menos do que uma pessoa com mais idade, mas como decorrência do fetiche de mercado associado a gerações de produtos, principalmente depois da tecnologia da informação em larga escala, passamos a supor que se alguém é jovem ele é, por definição, mais informado de como proceder no mundo.

A verdade é que o jovem é mais facilmente arrastado para posições radicais, recusando acordos, típico da vida política, e tende, o que é natural da idade, a levar a si mesmo muito mais a sério do que se deve. Não se levar tão a sério é um traço de caráter essencial para se ter uma política mais tolerante.

34

O quietismo do cotidiano político chinês

Grande parte da população chinesa do *mainland*, como se referem à grande China, não parece ter muito interesse pela política. Esse comportamento é um constante desafio para aqueles que temem pelo modelo chinês se impor ao ocidental. A verdade é que o homem comum não se preocupa muito com liberdade de expressão e troca facilmente qualquer regime por uma janta melhor. É um fetiche achar que o homem comum ama a democracia.

O cotidiano chinês é, aparentemente, destituído de tensões ou expectativas políticas. As expectativas são de teor econômico, enquanto a política é vista como uma atividade para profissionais. O próprio partido comunista chinês traz para si a imagem de que a China seria uma República de Platão em que a meritocracia burocrática seria o critério máximo para se administrar o futuro do país. Se em Platão eram os filósofos a ocupar o lugar de líderes, na China são mais os perfis de engenheiros e administradores.

O quietismo político chinês é um enigma a ser, talvez, resolvido nos próximos séculos. Quietismo em filosofia é quando um grupo ou uma pessoa entendem que não vale a pena se meter com o mundo. Aqui no caso o que não valeria a pena é se meter com a política, porque quando se faz isso, criam-se inquietações e sofrimentos desnecessários. O quietismo, seja em que forma for, é sempre um desafio para quem enxerga o mundo como um objeto a ser investido de valor.

35

Política como um sistema triste: da necessidade do político

Aqui sigo o filósofo britânico Simon Critchley, e assim retorno ao início deste percurso. Não creio que a filosofia que importa seja filha do espanto, mas do desencanto. Desencanto com a religião, com o belo, com a política, com o mundo. A filosofia é a reação intelectual e cognitiva à objetividade desolada que a observação sem fé do mundo causa em que a experimenta.

Em termos mais simples: a filosofia é a palavra de quem não mais se interessa em crer, mas resiste à pura desistência do ser. E a política é parte desse ser. Pelo menos a filosofia que me importa fazer é esta.

A tragédia é a violência infinita, onde justiça é conflito. Não há superação do político como conflito. A vida é um enfrentamento interminável do sofrimento e a política é uma dessas formas. Forma esta em que, assim como na tragédia, nunca é simples identificar o que é o bem e o que é o mal –

fora em situações claras como nazismo e semelhantes. Hegel dizia que a tragédia é marcada pelo conflito dilacerante entre um bem e outro bem, o que torna a escolha sempre mortal. A política é o reconhecimento disso sem a beleza da agonia trágica nem a grandeza dos seus personagens. Mas o que está sempre em jogo é a tristeza de nunca se findar o conflito humano.